참회와 사랑의 기도법

김현준

효림

참회와 사랑의 기도법

초 판 1쇄 펴낸날 2012년 7월 17일
　　　 7쇄 펴낸날 2023년 4월 25일

지은이 김현준
펴낸이 김연지
주필고문 김현준
펴낸곳 효림출판사
등록일 1992년 1월 13일 (제2-1305호)
주　소 서울시 서초구 반포대로14길 30, 907호 (서초동, 센츄리1)
전　화 02-582-6612, 587-6612
팩　스 02-586-9078
이메일 hyorim@nate.com

값 6,500원

ⓒ효림출판사 2012
ISBN 979-89-85295-69-7

잘못 만들어진 책은 바꾸어 드립니다.
이 책은 저작권법에 따라 보호를 받는 저작물이름로 무단전재와 무단복제를 금지합니다.

서 문

　잘 살지 못하는 진짜 이유가 무엇일까요? 업장業障 때문입니다. 지난 시절에 맺은 업의 장애 때문입니다. 심병心病 때문입니다. 사랑과 인연의 병이 마음속에 깃들어 있기 때문입니다.
　이를 어떻게 풀고 어떻게 고쳐야 할까요? 간단합니다. 참회하면 됩니다. 참회하면 삶의 모든 문제가 풀리면서 행복하고 평화롭게 살 수 있습니다.
　이제부터 참회하며 살아가십시오. 마디마디 맺힌 업장들이 풀어집니다. 그와 동시에 이기적인 '나'가 스르르 무너지면서 진짜 사랑과 행복과 평화가 마음속에 깃듭니다. 이렇게만 되면 잘 살지 못할 까닭이 없습니다.
　깊이 권청하오니, 부디 스스로의 멋진 삶을 위해 참회하십시오. 또 사랑하는 이를 향해 참회하고, 그를 위해 기도하십시오. 이 참회기도야말로 대우주의 무한행복과 생명력을 '나'의 것으로 만들어 주나니….
　나무마하반야바라밀

불기 2556년 7월 초순
김현준 합장

차 례

· 서문 · 3

I. 참회하고 또 참회하라 / 13

1. 새 출발을 할 때는 참회기도부터	15
2. 참회에 녹아 내리는 지난 날의 허물	16
3. '참회'의 뜻풀이	18
4. 내가 맺은 업의 매듭 풀기	19
5. 전생 업의 과보가 현생 업의 과보보다 크다	21
6. 참회의 기본은 '잘못했습니다'	24
7. 업을 기꺼이 받겠다는 자세로 참회하라	25
8. 깊은 원결을 일시에 녹인 참회기도	26
9. 업장이 소멸되면 진실된 삶이 열린다	29
10. 지금 이 자리에서 무조건 참회하라	31
11. 참회보다 더 빠른 업장소멸법은 없다	33

II. 참회와 절 / 35

12. 참회법의 종류	37
13. 절과 참회와의 관계	38
14. 절을 통한 참회법의 유형	42
15. 묵묵히 절만 하면 참회가 되는가	43
16. 절을 할 때는 '잘못했습니다'를 염하라	45
17. 다급한 기도라면 간절히 매달려라	47
18. 참회문에 집중하라	49
19. 절의 횟수는 얼마만큼?	52
20. 평소의 참회기도와 절의 수	54
21. 정한 절을 다하지 못할 경우	56
22. 불보살님이 앞에 계신다는 자세로	57

III. 염불참회법 · 주력참회법 / 59

23. 염불참회법이란	61
24. 염불만으로 업장소멸이 되는 까닭	63
25. 주력참회법의 의미	65
26. 언제 어디에서 몇 시간을 기도할까?	67
27. 기도기간은 어느 정도?	70
28. 인연 맺은 불보살님 명호를 계속 외워라	72
29. 다소 자유로운 염불참회의 자세	75
30. 부득이 참회기도를 못하게 될 때	77
31. 내 소리를 내 귀로 들으며 염불하라	78
32. 다급한 일이면 염불도 열심히	81
33. 염불을 할 때도 참회하고 감사하라	83
34. 나를 비우고 불보살님을 가득 채워라	85

IV. 가족을 향한 참회 / 87

35. 삶 속에서 가장 아픈 시절 … 89
36. 가족에게 함부로 대하지 말라 … 91
37. 가끔은 원수가 가족 되어 … 92
38. 다생의 인연이기에 허물도 잘못도 많다 … 93
39. 가까울수록 인연을 가꾸며 살아야 … 95
40. 가까운 이를 향한 참회부터 시작하라 … 96
41. 부모가 먼저 참회하라 … 97
42. 자존심을 버리고 무조건 '잘못했다'고 해보라 … 99
43. 가족에게 직접 못하면 불보살님께 참회하라 … 101
44. 상대에게 마음을 쓰는 자체가 지혜로운 참회 … 103
45. 가족을 향해 내 마음보를 넓혀라 … 104
46. 참회하면 관계도 인격도 변한다 … 106
47. 참회 따라 업장도 가벼워진다 … 107
48. "잘못했다니 할 수 없지" … 110

49. 3배하며 '잘못했다'고 하라   113
50. 매일 하는 3배의 참회로 화목해진다   115
51. 가족을 향한 3배 참회법   117
52. 가족을 떠올리며 절을 하라   119
53. 참회와 축원의 내용   120
54. 대충 하지 말고 정성껏 참회하라   122
55. 정성껏 그리고 또렷하게 축원하라   125
56. 가족에게 절하는 기간은   127
57. 언제나 흐뭇하고 좋은 상태가 될 때까지   130
58. 집안 전체가 편안하고 행복해진다   132
59. 참회하면 참된 사랑을 체험한다   133
60. 명상을 통한 참회법   135
61. 상대의 나쁜 기운이 나를 해치지는 않는지?   137
62. 지심참회를 하는 만큼 행복도 크게 다가온다   139

V. 자비심 깊은 축원과 기도 / 141

63. 기도는 행복을 위한 것	143
64. 기도하며 복을 쫓아내는 행동을 한다면	144
65. 참 마음으로 기도하라	146
66. 다른 이를 향한 축원과 자비심	147
67. 크게 복을 짓는 축원법	148
68. 복 짓는 좋은 일은 지금 시작해야	151
69. 가까운 사람부터 축원해 주라	153
70. 남을 위해 축원할 때 무한 행복이 깃든다	154
71. 자비심 깊은 기도가 최고	156
72. 노힐부득의 성불	158
73. 자비의 기도라야 대해탈로 이어진다	161
74. 부처님과 삼보를 잘 모셔라	163

부附 : 백중과 영가천도 / 165

75. 백중은 어떤 날인가   167
76. 백중 때 천도재를 지내는 까닭   169
77. 백중기도에 동참하라   174
78. 정성으로 임해야 조상천도가 쉽다   175
79. 생각 이상으로 큰 천도의 공덕   177
80. 은혜를 갚는다는 마음으로 천도하라   178
81. 49재를 지냈는데 백중기도를 해야 하는가   180
82. 영가를 위해 좋은 기도   181
83. 백중기도는 사찰과 집에서 동시에   183
84. 효심으로 임하고 천도하라   184

I
참회하고
또
참회하라

1 새 출발을 할 때는 참회기도부터

문 마음가짐을 새롭게 하여 새 출발을 하고자 합니다. 무엇을 통하여 마음을 가꾸는 것이 좋을까요?

답 새 마음으로 새 출발을 하려면 새롭게 결심도 하고 발원도 하고 복덕도 많이 쌓아야 하겠지만, 무엇보다도 참회기도를 하는 것이 좋습니다. 참회로써 마음그릇의 묵은 때를 씻어내고 새 것을 담는 것이 새롭게 시작하는 가장 바람직한 방법이기 때문입니다.

새 출발을 하고자 할 때만이 아닙니다. 무슨 일을 새롭게 도모하고자 할 때, 한 해를 새롭게 맞이할 때, 현재 처해 있는 어려움을 극복하고자 할 때, 나 자신과 주변에 평화로움과 행복을 안겨 주고자 할 때, 목표하는 바의 원만성취나 마음속의 소원을 이루고자 할 때도 참회기도를 하는 것이 좋습니다.

2 참회에 녹아 내리는 지난 날의 허물

문 '새 출발을 하거나 행복한 삶을 이루고자 할 때 참회를 하는 것이 좋다'는 까닭이 무엇입니까? 납득이 갈 수 있도록 설명해 주십시오.

답 사람들은 하나같이 멋진 삶을 살아보겠다는 뜻을 품고 있으며, 멋진 삶을 이루려면 오늘을 잘 살아야 합니다. 그런데 참으로 묘하게도 오늘을 잘 살고자 하면 지난 일들이 오늘을 방해합니다. 잘 살고, 힘차게 살고 싶은 마음이 가득하지만, 어제의 일로 오늘의 길을 가로막아 뜻과 같이 나아가지를 못합니다.

의욕은 가득하지만 어제의 허물 때문에 어느 것부터 해야 할지를 알 수가 없게 되고, 뜻밖의 장애가 생겨나며, 이것이 여러 차례 반복되면 내가 나를 믿지 못하게 됩니다. 내가 나를 믿지 못하면 내가 나를 포기하고 내가 나의 일을 망각하여 버립니다. 이렇게 되면 새 출발이나 새로운 행복마저 포기하여 버리는 경우가 허다합니다.

그러나 좌절이 많다고 하여 포기를 하거나 실망만 하고 있어서는 안 됩니다. 다시 시작해야 합니다. 멋진 삶을 이루기 위해 오늘을 힘차고 아름답게 만들어야 합니다. 어떻게 하여야 힘차고 아름답게 만들 수 있는가?

오늘을 방해하는 지난날의 잘못된 일들, 지난날의 허물을 씻어 버리면 됩니다.

무엇으로? 바로 참회입니다. 참회로써 지난 허물을 녹이면 새 출발을 멋있게 잘 할 수 있습니다. 행복의 문을 새롭게 열 수 있습니다.

오늘의 삶을 방해하는 어제의 허물을 지닌 사람이 어디 '나' 뿐입니까? 아닙니다. 대부분의 사람들이 다 그러합니다. 그러므로 용기를 내십시오.

그러나 '나 몰라라' 할 수 없는 것이 어제의 허물이요, 그 속에 갇혀 살아서도 안 되는 것이 어제의 허물입니다.

지난날의 허물은 참회로 녹일 수 있고, 참회로 허물을 녹이면 새 출발을 능히 잘 할 수 있기 때문에, '새 출발을 하거나 행복한 삶을 이루고자 할 때는 참회부터 하는 것이 좋다'고 한 것입니다.

3 '참회'의 뜻풀이

🔲 참회가 바람직한 삶의 출발점이라는 말씀이군요. 그런데 '참회(懺悔)' 이 두 글자 속에는 어떤 뜻이 간직되어 있습니까?

🔘 참회의 '참(懺)'은 지난날의 잘못을 뉘우침이요, '회(悔)'는 앞으로 잘못을 저지르지 않고 잘하겠다는 맹세의 뜻이 깃들어 있습니다.

곧 참회는 과거의 잘못을 뉘우치고 멋진 미래를 여는 일입니다. 나와 주위의 참된 행복을 위하여 과거에 맺은 매듭을 풀고 푼 것을 더욱 원만하게 이끌어, 지금 이자리에서 행복을 만들어내는 묘법이 참회인 것입니다.

4 내가 맺은 업의 매듭 풀기

🈁 '과거에 맺은 매듭' 이라니요? 앞에서는 지난날의 허물이라 하였는데 어떤 매듭을 뜻합니까?

🈁 결론부터 말씀드리면 내가 지은 업(業)의 매듭으로, 앞에서 이야기한 지난날의 허물과 일맥상통하는 내용입니다.

부처님께서는 우리가 살고 있는 이 세계를 사바세계(娑婆世界)라고 하셨습니다. 인도말인 '사바'는 감인(堪忍) 또는 회잡(會雜)으로 번역되는데, 감인세계는 '참지 않고서는 살아가기 힘든 세계'라는 뜻이요, 회잡세계는 '잡된 인연으로 얽히고 설켜 있는 세계'라는 뜻입니다. 이 세계에서 사는 중생은 어느 누구 할 것 없이 '능히 잘 참으면서', '얽히고 설킨 매듭을 풀면서 살아야 한다'는 것입니다.

모든 중생은 행복하게 살기를 원합니다. 뜻대로 이루기를 바라고 걸림없이 살기를 바랍니다. 그런데도 우리는 참지 않고서는 살 수 없는 이 사바세계에 태어났고, 잡된 인연에 결박되어 살아가야만 합니다. 무엇 때문에 이렇게 된 것입니까? 부모를 잘못 만나서 입니까? 시대를 잘못 만난 탓입니까?

이 물음에 대해 부처님께서는 '업(業)'이라는 한 글자로 답을 하셨습니다. '지은 업대로 받고 있다'고 하셨습니다.

"지난 세상 너희가 탐욕과 성냄과 어리석음으로 갖가지 업을 지었기 때문에 지금 마음대로 하지 못하는 고통의 과보를 받고 있는 것이다. 부모 탓도 시대 탓도 할 것이 없다."

그리고 부모가 나를 만들어 낸 것이 아니라, '네 스스로가 맺은 업에 합당한 분을 부모로 선택하게 된 것이고, 지은 업에 맞는 국토와 시대 속으로 저절로 흘러 들어간 것 뿐'이라는 사실을 깨우쳐 주셨습니다.

5 전생 업의 과보가
현생 업의 과보보다 크다

📖 하지만 평범한 사람들은 현재의 고통이 내가 맺은 업의 과보라는 사실을 쉽게 수긍하려 하지 않습니다. 또 수긍하지 않기 때문에 스스로 풀려고도 하지 않습니다. 과연 전생의 업은 현생 업에 비해 얼마나 큰 것 입니까?

📖 물론 평범한 사람들은 스스로가 전생에 맺은 업이 눈에 보이지도 않고 느껴지지도 않기 때문에 수긍하려 들지 않습니다. 하지만 우리가 느낄 수 있는 현생의 업보보다 눈에 보이지 않는 전생의 업이 훨씬 크다는 것을 알아야 합니다.

불교에서는 전생에 지은 업과 현생에 지은 업이 현생의 과보에 작용하는 비율을 9:1 정도로 보고 있습니다. 마치 빙산의 대부분이 물속에 가려 있듯이, 보이지 않는 전생의 업이 감지할 수 있는 현생의 업보다 훨씬 영향력이 크다는 것입니다.

누구든 세상을 살다보면 억울한 경우에 처할 때가 있습니다.

'나는 별 잘못 없이 살았는데 어찌 남들보다 못 사는 것일까?'
'왜 나와 우리 집안에만 이와 같은 불행이 찾아드는 것인가?'

이것이 바로 지나간 많은 생애동안 내가 쌓은 업 때문이요 매듭 때문이요 빚 때문에 생겨나는 불행입니다. 원인을 알 수 없다고 하여 그냥 원망만 할 일이 아닙니다. 눈에 보이지 않는다고 하여 자포자기할 일도 아닙니다.
전생에 맺은 빚과 죄업이 크면 클수록 현생의 불행이 큰 법이요, 불행이 크면 클수록 정성을 다해 참회하면 됩니다.
정성을 다해 참회하면 녹이지 못할 업장이 없건만, 사람들은 참회를 하지 않고 신세 한탄만 합니다. 그리고 '나는 잘못을 범하지 않았다'며 자신의 죄 없음을 강조합니다.

하지만 자세히 자신을 관찰해 보십시오. 전생은 모른다 쳐도, 지금 이 생애만이라도 되돌아 보십시오. 평생 동안 몸과 말과 생각으로 알게 모르게 지은 죄가 어찌 적다고 하겠습니까?

공연히 드러 누워 있다가 단지 싫다는 감정 때문에 그 어떤 사람이 사라져 주었으면 하는 생각을 일으키기도 하고, 무심코 내뱉은 말 한마디로 상대방의 가슴에 못을 박는 일도 있었을 것입니다. 또한 물질로나 이 몸으로 심심찮게 허물을 범하는 존재가 인간입니다.

이렇듯 현생에서 짓는 죄만 하여도 가히 헤아리기 어려운데, 전생의 업까지 더하여 보십시오. 그야말로 한량없는 죄업이라 하지 않을 수 없습니다.

그렇다면 어떻게 하여야 그 죄업을 녹여 없앨 수 있는가? 오직 스스로 참회하는 수밖에 없습니다. 참회만이 해결의 묘법이요 희망입니다. 이제라도 정성을 다해 참회하게 되면 업장이 구름 걷히듯 사라지게 됩니다.

6 참회의 기본은 '잘못했습니다'

문 그렇다면 참회는 어떻게 하는 것입니까?

답 참회는 결코 어렵거나 복잡한 것이 아닙니다.
"잘못했습니다."
바로 이 한마디 속에 모든 업장을 녹이는 핵심이 간직되어 있습니다.

"잘못했습니다. 지난 세월동안 알게 모르게 지은 죄업을 모두 참회합니다."

정성을 기울여 이렇게 무조건 '잘못했다'고 하다가, 눈물이 하염없이 흘러나오고 내 마음속에 있던 그 어떤 매듭이 확 풀리게 되면 참회가 이루어집니다.

7 업을 기꺼이 받겠다는 자세로 참회하라

문 정성스럽게 '잘못했다'고만 참회하면 됩니까? 따로 이 기억 해야 할 것이 있습니까?

답 지극정성을 다하여 잘못했다고 참회하면 못 녹일 업장이 없고 못 풀 매듭이 없습니다. 그러나 사람의 마음은 간사하기 때문에, 진정한 참회보다는 업장회피를 위한 참회를 하는 경우가 많이 있습니다. '나에게만은 나쁜 과보가 덮치지 않았으면' 하고 참회하는 것입니다.

이렇게 참회하면 진참회(眞懺悔)를 이룰 수 없습니다. 그러므로 다가오는 업보로부터 도망치겠다거나 회피하겠다는 생각을 버리고 기꺼이 받겠다는 자세로 임해야 합니다.

'불보살님의 대자비 속으로 들어가 정성껏 참회하리라. 그러나 참회로써 녹이지 못하는 업이라면 기꺼이 받겠다'는 마음가짐으로 참회기도를 해보십시오. 진참회를 이루어 업장소멸이 더욱 용이해집니다.

8 깊은 원결을
일시에 녹인 참회기도

문 '기꺼이 받겠다는 자세로 참회기도를 하라'고 했는데, 이와 관련하여 새길만한 영험담이 있으면 한 편 들려 주시겠습니까?

답 제가 여러 번 인용한 이야기라 조금 주저스럽습니다만, 정백린(程伯鱗)의 영험담이 가장 적절하고 감동적인 예화인 것 같습니다.

❀

중국 양나라 때, 양주에 살았던 정백린은 집안에 관세음보살님을 모셔두고 매일 기도를 하였는데, 어느 해 여름에 전쟁이 일어나 적군이 양주 땅으로 쳐들어 온다는 소식을 접하게 되었습니다. 정백린은 관세음보살님께 정성껏 기도하며 가족의 안전을 기원하였고, 그날 밤에 관세음보살님은 정백린의 꿈에 나타나 말씀하셨습니다.

"너희 가족 17명 중 16명은 무사히 피난할 수 있지만, 한 사람만은 안 된다."

"그 한 사람이 누구입니까?"

"바로 그대이니라."

"어찌하여 저는 안 됩니까?"

"그대는 과거 전생에 어떤 사람을 칼로 스물여섯 번이나 베어 죽인 일이 있었다. 그 사람이 지금 대장군이 되어 양주 땅으로 쳐들어 오고 있다. 그의 이름은 왕마자(王麻子)이다. 이제 그대는 전생의 업보로 왕마자의 칼에 죽임을 당할 것이니, 홀로 집안에 남아 그 과보를 받아라. 그리고 가족들은 피난을 시켜 온전히 살아남을 수 있도록 함이 좋으리라."

꿈은 너무나도 생생하였습니다. 정백린은 가족을 모두 피난 시킨 다음 집안의 관세음보살상 앞에 앉아 정성을 다해 염불했습니다. 지난 생에 맺은 보이지 않는 업보를 참회하면서….

5일이 지나자 칼을 뽑아든 장군 한 사람이 살기 등등한 모습으로 대문을 박차고 집안에 들어섰고, 정백린은 담담한 자세로 그를 맞이하였습니다.

"어서오십시오. 왕마자 장군."

"아니, 어떻게 나의 이름을 알고 있소?"

어리둥절해 하는 왕마자에게 정백린은 관세음보살님께서 현몽한 이야기를 들려준 다음 무릎을 꿇고 말했습니다.

"내가 전생에 당신을 죽였으니, 오늘 내가 당신의 손에 죽는 것은 너무나 당연합니다. 기꺼이 죽겠습니다. 다만 한 가지, 우리의 원결은 오늘 이 자리에서 모두 풀어 버리고 다시는 서로 원수가 되지 맙시다."

그 말을 들은 왕마자는 모든 맺힘이 확 뚫리는 것을 느꼈습니다.

"좋소이다. 오늘로 전생의 원한을 모두 풀고, 앞으로는 세세생생 다정한 벗이 됩시다."

왕마자는 칼등으로 정백린의 몸을 26차례 가볍게 내리친 다음 그 집을 떠나갔고, 부하들에게도 양주땅을 떠날 때까지 함부로 살생이나 약탈을 하지 말 것을 명하였습니다.

9 업장이 소멸되면
   진실된 삶이 열린다

문 참으로 감동적이요 가슴 뭉클한 이야기군요. 이 영험담 속에 간직되어 있는 가르침을 다시 요약해 주시겠습니까?

답 평소에도 꾸준히 참회기도를 한 정백린은 다가오는 업보를 피하지 않았습니다. 오히려 두렵기 그지없는 죽음의 그림자를 참회의 기도를 하며 맞이했습니다. 그리고 상대가 찾아 왔을 때 잘못을 참회한 다음 '기꺼이 죽겠다'고 하였고, 더 이상의 원결을 맺지 않겠다는 뜻으로 '다시는 서로 원수가 되지 말자'고 했습니다.

참회하며 기꺼이 받겠다는 정백린의 자세. 이것이 진 참회의 모습입니다. 꾸준히 참회하고, 상대를 참회로써 맞이하여 더 이상의 원결을 맺지 않겠다는데 어떤 업장인들 풀리지 않겠습니까?

우리 불자들도 정백린의 자세를 마음에 새겨, 지금의

업장과 다가오는 업장들을 풀고 녹여야 합니다.

"잘못했습니다."
"지난 세상 제가 지은 죄업을 모두 참회하옵니다."
"그리고 제가 꼭 받아야 할 죄업이라면 기꺼이 받겠습니다."

이렇게 진심으로 잘못을 참회하며 업장을 소멸시키다 보면, 차츰 마음이 고요해져서 괴로움이 다가와도 휩싸이지 않게 됩니다. 그리고 스스로의 마음 속에 있던 원망스러운 감정이나 미워하는 생각들이 점차로 옅어지면서, 진실된 삶과 저절로 맞아 들어가는 생활을 할 수 있게 됩니다.

이 단계에 이르면 죄업에 대한 과보를 받고 받지 않고는 문제가 되지 않습니다. 그릇된 업은 저절로 풀리면서 새로운 선업을 이루고, 악연들은 좋은 인연으로 바뀌게 되는 것입니다.

10 지금 이 자리에서
무조건 참회하라

문 회피가 아니라 기꺼이 받겠다는 자세로 참회하는 것! 이것이야말로 진참회를 이루는 가장 요긴한 방법임을 알겠습니다. 그런데 중생은 늘 업을 받는 입장에 처해 있습니다. 업을 받는 지금 이 자리는 과연 어떠한 순간입니까? 그리고 어떠한 자세로 참회해야 합니까?

답 참지 않고서는 살아갈 수 없는 이 사바세계에 살고 있는 우리에게 있어 무엇보다 중요한 것은 업장이 다가온 바로 '지금 이 자리'에서의 참회입니다.

'지금 이 자리'는 과거의 맺힌 업을 푸는 것과 동시에 새로운 업을 짓는 순간입니다. 따라서 바로 이 순간에 맺힌 업을 풀고 푼 업을 더욱 원만하게 가꾸어 갈 수도 있고, 새로운 악업을 맺어 더 나쁜 상태로 몰아갈 수도 있습니다.

맺느냐? 푸느냐? 이는 오직 지금 이 자리에서 내가 어떻게 하느냐에 달려 있습니다.

  그런데 눈 앞의 편안함이나 이익만을 생각하고 모든 것을 상대적인 감정과 자존심으로 해결하려 하면 어떻게 되겠습니까? 오히려 매듭만 더욱 늘어날 뿐입니다.

  문제가 생기면 이기적인 나를 비우고 무조건 참회해 보십시오. 진심으로 참회하고 기꺼이 받고자 할 때 모든 것은 풀립니다.

  참되고 복되고 평화로운 삶! 그것은 진정으로 참회하고 기꺼이 받고자 하는 마음이 결정한다는 사실을 잊지 말아야 합니다. '보이지 않는 업'이라 하여 이 순간을 함부로 하지 말고, 지금 이 자리에서 언제나 참회하는 불자가 되어 멋진 삶을 영위하시기 바랍니다.

11 참회보다 더 빠른
   업장소멸법은 없다

🔲 고맙습니다. 참회에 대해 믿음을 주는 한 말씀을 부탁해도 되겠습니까?

㊐ 경봉스님·성철스님·일타스님·우룡스님을 비롯한 여러 큰스님께서는 늘 다음과 같은 내용으로 말씀하셨습니다.

"참회기도 이상으로 업장을 빨리 소멸시키는 것은 없다. 참회의 생활 이상으로 향상을 안겨 주고 복을 얻게 하는 것은 없다."

"절을 하거나 주력을 하거나 염불을 하거나 독경·사경을 하거나, 참회를 함께 꾸준히 하는 사람은 참으로 빨리 향상하고 발전하는 것을 볼 수 있다. 참회야말로 향상된 삶을 이루는 지름길이요 행복을 담는 최상의 방편이다."

틀림없습니다. 참회는 커다란 영험과 공덕을 지니고 있습니다. 그러므로 우리 불자들은 참회를 생활화 해야 합니다. 참회로써 마음의 매듭을 모두모두 풀어야 합니다. 먼저 '잘못했다'고 하면서 내 마음의 매듭을 풀면 나뿐만이 아니라 내 가정과 내 주위가 모두 평화롭고 행복해집니다.

참회하십시오. 알게 모르게 지은 잘못들을 참회하십시오. 참회를 할 때 맺힌 업장이 가장 빨리 녹아내립니다. 그리고 업장이 녹는데 잘 풀리지 않을 일이 어디에 있겠습니까?

II
참회와 절

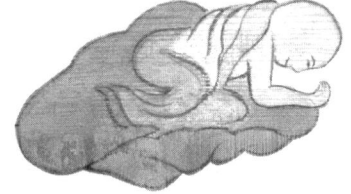

12 참회법의 종류

문 불교의 참회법은 매우 다양한 듯한데, 구체적으로는 어떻게 분류할 수 있습니까?

답 참회법은 크게 이참(理懺)과 사참(事懺), 이 두가지로 나눌 수 있습니다.

이참은 진리와 하나가 되거나 죄업의 실상이 무엇인가를 깨달아 참회를 이루는 것이요, 사참은 과거와 현재에 지은 죄업과 미래에 짓게 될 죄업을 몸과 말과 마음을 쏟아 참회하는 것으로, 일반적으로 '참회를 한다'고 하면 이 사참을 가리킵니다.

현재 널리 행하여지고 있는 방법으로는 절·염불·주력·경전독송·사경 등을 하면서 참회를 하거나, 참법(懺法)을 기록한 각종 의식문을 읽으며 그 절차에 따라 참회를 하는 방법 등이 있습니다.

이 가운데 가장 널리 행하여지고 있는 참회법은 절, 곧 예배(禮拜)를 통한 참회입니다.

13 절과 참회와의 관계

📖 불교에서는 다른 어떤 종교보다도 절을 많이 할 것을 권하는데, 그 까닭이 참회와도 관련이 있는지를 묻고 싶습니다.

답 맞습니다. 불교에서 절을 많이 할 것을 권하는 까닭은 모든 악업의 근본이 되는 '나'를 비우게 하고자 함에 있습니다. 불자들은 천수경 등을 통하여 다음과 같은 참회게를 많이 외웁니다.

> 지난 세상 제가 지은 모든 악업은
> 무시 이래 탐심 진심 치심 일으켜
> 몸과 말과 뜻으로 지었음이라
> 제가 이제 남김없이 참회합니다

> **我昔所造諸惡業** 아석소조제악업
> **皆由無始貪瞋癡** 개유무시탐진치
> **從身口意之所生** 종신구의지소생

一切我今皆懺悔 일체아금개참회

이 게송을 보면, 우리의 악업은 지금 이 생에서만 짓는 것이 아니라, 시작을 알 수 없는 아득한 옛날, 곧 무시 이래로 지어온 것입니다. 그리고 그 악업의 씨앗은 탐욕과 분노와 어리석음의 삼독심(三毒心)이라 하였습니다.

그렇다면 악업의 씨앗인 삼독심은 어디서 생겨난 것인가? 바로 '나'로부터 생겨납니다. '나라는 생각', 곧 아상(我相)에서 생겨나는 것입니다.

주위를 둘러보십시오. 대부분의 사람들은 '나'에 너무나 깊이 빠져 있습니다. '나'에게 맞으면 사랑하고 탐하며, 나에게 맞지 않으면 싫어하고 미워합니다. '나'는 반드시 잘 살아야 하고, 나는 손해를 보아서는 안된다는 생각에 사로잡혀 있습니다.

그러다가 '나'의 욕심이나 분노에 맞는 한 생각에 집착이 붙고 이기심으로 불타오르게 되면 죄를 짓는 것조차 두려워하지 않습니다. 아니라는 것을 알면서도 아닌 쪽으로 흘러가고, 그릇되다는 것을 알면서도 그릇된 쪽으로 나아갑니다. '나'라는 생각, 이 아상이 모든 악업을 만들어내는 것입니다.

아상은 이해하기 어려운 것이 아닙니다. '나는 똑똑하다. 나는 잘났다. 나는 많이 안다. 나는 부자이다. 나는 높은 지위에 있다. 나는 너보다 낫다'고 하는 일상적인 생각들이 바로 아상입니다. 곧 '너'에 대한 '나'의 상대적인 우월감·자존심·이기심 등이 아상인 것입니다.

그런데 이 아상은 참으로 묘합니다. 이 아상을 그냥 두면 산처럼 높아집니다. 남을 업신여기고 깔아뭉개면서 끝없이 높아만 가는 것이 아상의 산이요, 자꾸자꾸 무성해져 결국에는 들어가지도 못하는 가시덩굴의 숲을 이루고 마는 것이 아상의 산입니다.

그럼 어떻게 하여야 업장으로 가득한 아상의 산을 무너뜨릴 수 있는가? 그 방법은 간단합니다. 참회하며 '나'의 고개를 숙이는 것입니다.

"부족하고 무지하여 그랬습니다. 무아(無我)임을 깨닫지 못해 그랬습니다. 잘못했으니 용서해주십시오."

이렇게 부지런히 고개를 숙이며 절을 하면 아상의 산이 스르르 무너지면서 참회가 저절로 이루어집니다.

꼭 기억하십시오. '나'의 이기심을 곧추세우면 내가 내뿜는 삼독심으로 인해 주위가 지옥으로 변해가고, 나를 비워 아상의 산을 무너뜨리면 행복이 제자리를 찾게 됩니다.

　참회기도를 하는 이에게 절을 많이 권하는 까닭도, '나'에 대한 생각에 사로잡혀 탐욕과 분노와 어리석음의 삼독심을 일으키고 그 삼독심으로 갖가지 악업을 짓는 '나'를 행복의 자리로 되돌리고자 함에 있습니다.
　곧 악업의 근원이 되는 아상을 가장 빨리 죽이는 방법이 절이기 때문에 절을 통한 참회를 많이 권하는 것입니다.
　"저의 온 몸을 던져 오체투지의 절을 바치옵니다."
　"지극한 마음으로 목숨 바쳐 절하옵니다〔至心歸命體〕."
　이러한 마음으로 절을 하게 되면 저절로 나의 이기적인 생각들이 비워지게 되고, 탐욕 등 그릇된 생각들이 비워지면 업장 또한 녹아내려 비할 바 없는 복이 저절로 깃들게 되는 것입니다.
　나아가 '나'를 비우고 절을 하는 사람은 진실로 남을 위해 봉사할 수 있는 마음을 낼 수 있게 되고, 나를 대하는 모든 사람의 마음도 편안하게 만들어줍니다. 곧 절을 하면서 참회를 하면 업장소멸은 물론이요 복밭을 이루어, 자연스럽게 모든 사람을 편안한 세계로 인도하는 사람이 될 수 있는 것입니다.

14 절을 통한 참회법의 유형

🔖 이제 절을 통한 참회법의 세부적인 면에 대해 묻고자 합니다. 불자들이 많이 행하고 있는 절을 통한 참회법은 몇가지 정도의 유형으로 나눌 수 있습니까?

🔖 일반적으로 불자들이 참회의 절을 할 때는 다음의 세가지 중 하나를 택하여 행합니다.

① 절하는 횟수를 세면서 절을 하거나, 108염주를 쥐고 절 한 번에 염주 한 알을 돌리며 묵묵히 절을 한다.
② 석가모니불·아미타불·관세음보살·지장보살 등 여러 불보살님 중 한 분의 명호를 외우며 절을 한다.
③ 정형화된 참회문(예:108참회문, 자비도량참법 등)을 읽으며 절을 한다.

이밖에도 몇가지 방법이 있지만, 이 세가지를 크게 벗어나지 않습니다.

15 묵묵히 절만 하면 참회가 되는가

문 절의 수를 세거나 염주알을 돌리며 묵묵히 절을 할 때, 그냥 절만 하면 됩니까?

답 절을 하는 불자들은 나름대로 정성을 기울여 열심히 절을 합니다. 그러나 '어떠한 내용물을 담고 절을 하느냐'고 물으면, 많은 이들이 '하면 좋다고 해서 한다'는 식의 반응을 보입니다.

그렇습니다. 하다가 보면 무엇인가를 느낄 수 있게 되고, 그것도 공부가 될 수는 있습니다. 그러나 '알고 하느냐 모르고 하느냐', 무엇인가를 '분명히 담고 하느냐 막연히 하느냐'에 따라 결과는 하늘과 땅만큼 벌어질 수 있습니다.

많은 불자들이 불교신행연구원으로 전화를 하여 참회기도에 대해 문의합니다. 그때 저는 참회기도의 목적이 무엇이며, 어떻게 기원하고 있는지를 꼭 되묻습니다.

이에 대해 참회기도를 하는 목적은 분명히 이야기하지만, 기도하는 방법이나 기원하는 내용을 구체적으로 이야기하는 사람은 드뭅니다. 특히 절을 하는 불자들 중에는 '무조건 절을 한다'는 분이 많았습니다.

물론 '나'를 비우고 마음을 비울 수만 있다면 무조건 절을 하는 것도 좋습니다. 그러나 그냥 하게 되면 번뇌만 더욱 치성해지는 경우도 많습니다. 따라서 참회기도를 하거나 아주 다급한 소원이 있을 때는 절대로 그냥 절을 하여서는 안 됩니다.

16 절을 할 때는 '잘못했습니다'를 염하라

문 그럼 무엇을 마음속으로 염하며 참회기도를 해야 합니까?

답 참회의 기도를 할 때는 한 번의 절을 할 때마다 세 번씩 꼭 '잘못했습니다'라고 염해야 합니다.

합장하여 선 자세에서 무릎을 꿇으며 내려갈 때, '잘못했습니다 잘못했습니다 잘못했습니다' 또는 '부처님 잘못했습니다', '관세음보살님 잘못했습니다'를 세 번 염하라는 것입니다. 입으로 불보살님의 명호를 외울 때 역시, 속으로 '잘못했습니다'라고 염하는 것을 잊어서는 안 됩니다.

생각을 해보십시오. '불보살님께서 나의 잘못을 알아서 다 용서해 주시겠지'라는 것과 '잘못했다'고 참회를 하는 것과의 차이를…. 듣는 분이 분명히 계신다면 간절히 '잘못했습니다' 하며 절하는 이에게 더 큰 가피를 내릴 것입니다. 그러므로 절 한 번에 세 번씩 꼭 '잘못했습니다' 라는 말을 염하여야 합니다.

또한 엎드려서는 '부처님 감사합니다 감사합니다 감사합니다' 를 세 번 합니다.

그리고 일어날 때는 가장 빨리 이루어졌으면 하는 한 가지 발원, 곧 꼭 이루었으면 하는 소원이나 맹세의 원을 간단 명료하게 발하시면 됩니다.

이렇게 108배를 하면 '잘못했습니다' 324번, '감사합니다' 324번, 발원 및 서원 108번을 염할 수 있습니다.
그리고 평소의 기도시에 했던 긴 축원이나 여러 가족 등의 축원은 108배의 시작과 끝에 각각 세번씩 염하시면 됩니다.
간단한 방법이지만 집중도 잘되고 효과도 뛰어납니다. 한번 실천해 보십시오.
꾸준히 하다보면 불보살님께서 은근히 보살펴주시는 명훈가피(冥熏加被)가 언제나 '나'와 함께 하게 됩니다.

17 다급한 기도라면
간절히 매달려라

📖 만약 평소의 일상적인 기도가 아니라, 다급한 일이 생겼거나 큰 원을 세우고 참회기도를 할 때는 어떻게 축원해야 합니까?

🙏 그때는 단순히 감사하다거나 일상적인 축원으로 끝내어서는 안 됩니다.

다급한 일이 생긴 경우라면 배고픈 아기가 어머니의 젖을 생각하듯이, 큰 병에 걸린 환자가 명의를 찾듯이, '꼭 ○○이 이루어지게 하여 주십시오' 하면서 소원을 빌어야 합니다. 그야말로 불보살님께 깊이깊이 매달려야 합니다. 절 한 번에 한 번 이상씩 소원을 간절히 염하여야 합니다.

또한 큰 서원을 세우고 기도할 때는 엎드렸다가 일어나면서 발원을 하면 됩니다.

'불교 공부 잘 하여 부처님이 되겠습니다.'
'부처님의 법에 맞는 대작불사를 이루겠습니다.'
'일체만물을 살리는 불자가 되겠습니다.'

 이상의 예와 같이 스스로가 세운 발원의 내용을 함축성 있게 염하여야 합니다.
 꼭 명심하십시오. 엎드렸다가 일어설 때는 절을 하는 이의 형편에 따라 축원 또는 소원 또는 서원을 염하면 되지만, 엎드릴 때는 그 누구라도 '잘못했습니다' 하며 참회를 해야 합니다. 모든 기도의 시작이 참회요, 참회가 이루어질 때 성취가 뒤따르는 법이니, 꼭 이렇게 하시기를 권하여 봅니다.

18 참회문에 집중하라

📋 ① 묵묵히 절을 할 때와 ② 불보살님의 명호를 외우며 절을 할 때의 참회하고 염원하는 방법은 잘 알았습니다. 그럼 ③ 정형화된 참회문을 읽으며 절을 할 때는 어떻게 기도해야 합니까?

📋 우리나라에서 널리 유통된 참회문으로는 『백팔대참회문』과 『자비도량참법』을 꼽을 수 있습니다.

먼저 『백팔대참회문』을 외우며 절을 할 때는 오로지 그 참회문의 내용을 새기며 행하면 됩니다. 요즘 불교TV 등에서는 새로운 108참회문을 통하며 기도하기도 하는데, 여기에서는 『보현행원품』에 근거하여 참회를 관장하는 89분 부처님 명호를 외우며 기도하는 전통적인 대참회문을 놓고 이야기하겠습니다.

이 「백팔대참회문」은 천년 이상 이어져 내려온 것으로, '지심귀명례' 할 때는 속으로 '지심으로 귀명례하옵니다' 하면 되고, '보광불'이라는 부처님 명호를 외울 때는 '보광불이시어' 하면 됩니다.

곧 '참회하는 중생의 업장을 녹여주겠다'고 원을 세우신 과거 현재의 89분 부처님의 명호를 정성껏 외우며 절을 함으로써, 그 부처님의 가피력에 의해 참회를 이루게 되는 것입니다.

그리고「백팔대참회문」속의 발원·공양·참회·수희·찬탄·회향에 관한 글을 읽을 때는 그 뜻을 잘 새기며 예배를 올리면 되는 것입니다. 이때 한문 해석이 용이하지 않은 분은 꼭 한글 번역본으로 읽으시길 바랍니다.

이 대참회문을 한차례 외우며 절을 하면 자동적으로 108배를 하게 됩니다.「백팔대참회문」을 외우며 매일 기도하게 되면 참으로 공덕이 나날이 쌓입니다.

실제로 이를 실천하여, 임종전까지 정말 잘 사신 분들을 수도 없이 보았습니다. 그러니 늘 행하는 일상의 기도로 꼭 실천해보시기 바랍니다.

『자비도량참법』은 일정한 기간동안 특별한 참회기도를 하고자 할 때 매우 좋습니다. 이『자비도량참법』의 글은 꾸밈없이 순박하고 자상하여, 독송을 하거나 듣는 이로 하여금 그 간절한 법문 속으로 끌려들게 만듭니다.

또한 '자비도량참법'이라는 제목이 나타내어 주듯이, 모든 중생을 고해로부터 해탈시키고자 하는 자비심과 함께 참회에 깊이 젖어들게 만듭니다.

곧 이 참법에서는 나의 잘못만을 참회하는 것이 아니라 남의 잘못을 나의 허물로 삼아 참회하고, 모든 중생의 업장을 나의 허물로 삼아 참회를 하는 것입니다. 정녕 이와 같이 큰마음으로 참회할진대, 벗지 못할 장애가 어디에 있겠습니까?

「백팔대참회문」·『자비도량참법』 등으로 참회를 할 때는 그냥 참법 책 속의 내용에 푹 빠져서, 참회중생의 업장을 녹여주겠다고 발원하신 한분 한분 부처님께 지심으로 귀명례하십시오. 이렇게만 하면 참회는 저절로 이루어지게 됩니다.

19 절의 횟수는 얼마만큼?

🈷 절을 통해 참회를 하고 소원을 이루고자 할 때 얼마만큼의 절을 해야 합니까?

🈭 절의 횟수는 기도의 내용에 따라 다를 수 밖에 없습니다. 만약 고치기 힘든 병에 걸렸거나 아주 난처하고 다급한 상황에 처하여 절을 할 때는 앞뒤를 돌아보아서는 안됩니다. 그야말로 몸이 부서질 각오를 하고 절을 해야 합니다. 다리가 아프고 기운이 없어서 못하겠다면 이미 그 기도의 결과는 자명합니다.

근래에 우리나라에서 3천배를 많이 시킨 분으로는 청담스님과 성철스님을 꼽고 있습니다. 이 두 분 스님은 자비심이 아주 깊은 분이셨지만, 절을 시킬 때만은 그야말로 '모질게' 권했습니다. 중병이 들어 움직이기 힘든 이들에게 3천배를 7일 동안 시키는 것은 다반사였습니다. 오히려 정상적인 사람보다 더 열심히 절하도록 독려하셨고, 기적 같은 결과가 참으로 많이 나타났습니다.

그렇습니다. 특별한 경우에는 특별한 각오로 참회기도를 하여야 하고, 절의 횟수 또한 보통 때와는 달리해야 합니다.

"어차피 죽을 몸. 참회로써 끝을 보리라."

"내 노력으로는 어쩔 수 없는 현실. 모든 것을 부처님께 맡기리라."

이렇게 마지막 각오를 품고 참회의 절을 해보십시오. 틀림없이 보이지 않던 길이 보이고 막혀 있던 것이 뚫리게 됩니다. 일찍이 원효대사께서는 말씀하셨습니다.

"하품의 참회는 땀의 참회요, 중품의 참회는 눈물의 참회이며, 상품의 참회는 피눈물의 참회이다."

정녕 그러합니다. 매우 다급하고 아주 절실한 문제가 있으면 피눈물을 흘릴 각오를 하고 참회해야 하고, 이렇게 참회를 하건데 녹지 않을 죄업이 어디에 있겠습니까?

하루 3천배라고 마다할 까닭이 없습니다. 하루 천배씩 21일, 49일 또는 백일기도를 못할 까닭이 없습니다. 불보살님의 가피가 '나'에게 임할 때까지 참회를 하고 또 참회해야 합니다.

부디 다급한 일이 있으면 '치열하게 참회하겠다'는 각오로 임하시기를 간곡히 당부드립니다.

20 평소의 참회기도와 절의 수

문 다급한 일. 비상한 일이 있을 때는 비상하고 치열한 기도를 해야 한다는 말씀, 잘 알아들었습니다. 그럼 비상상황이 아닌 일상 속의 참회기도를 할 때는 어느 정도의 절을 하는 것이 좋습니까?

답 직장을 다니는 불자가 일상생활 속에서 꾸준히 행하는 참회기도라면 매일 108배를 하는 것이 좋습니다.

그때는 108염주를 돌리면서 하거나, 자신의 절하는 속도에 맞추어 엎드릴 때 한 번, 일어날 때 한 번, 2×108번의 목탁소리 또는 종소리를 녹음하였다가 매번 녹음기를 틀어놓고 절을 하는 것도 한 방법입니다.

또한 30분 가량 타는 향을 하나 피워 놓고 그 향이 다 탈 때까지 횟수에 관계없이 지성껏 절하여도 좋습니다. 그리고 향 연기의 부작용이 있는 분은 향을 피우지 말고 알람시계나 모래시계, 핸드폰 등을 이용해도 됩니다.

 혹 매일같이 108번의 절을 하는 것이 '나에게는 시간적으로나 육체적으로 무리'라고 생각하는 불자가 있다면 하루 한 차례씩, 오분향예불을 드리면서 일곱 번의 절만 하여도 좋습니다.
 비록 108번의 절에 비해 일곱 번의 절이 적기는 하지만, 하지 않는 것과 비교하면 엄청난 차이가 있습니다. 또 아무리 적은 횟수의 절일지라도 꾸준히 하게 되면 생활의 태도가 달라질 뿐 아니라, 차츰 쌓이면 원력(願力)이 커져 성취가 가까워지게 됩니다.

21 정한 절을 다하지 못할 경우

문 매일 108배를 하기로 작정하고 108배씩 하다가 피치 못할 일이 생겨 108번의 절을 못할 경우가 생겼다면 어떻게 해야 합니까?

답 최소한 3배라도 하십시오. 그리고 3배를 올리면서 염하십시오.

"부처님, 제가 오늘 이러이러한 까닭으로 참회의 절을 하지 못하였나이다. 앞으로는 빠뜨리지 않고 잘 하겠습니다(또는, 대신 내일 하겠습니다)."

적어도 스스로 정한 참회의 절을, 해도 좋고 안 해도 되는 절처럼 그냥 넘어가지 마십시오. 참회는 하면 좋고 하지 않아도 그만인 것이 아니라, '나'의 진정한 행복을 위하여 행하는 것임을 잊지마시고, 부득이한 경우라면 속으로라도 부처님께 그 까닭을 고하는 습관을 길러야 합니다. 그래야만 그 참회기도의 생명력이 길어집니다.

22 불보살님이 앞에 계신다는 자세로

문 참회의 절을 하면서 우리 불자들이 꼭 새겼으면 하는 것이 있으면 일러주십시오.

답 꼭 새겨야 할 한 가지를 얘기하라면, 한 배 한 배 절을 올릴 때마다 살아계신 불보살님께 절을 하는 자세로 임하라는 것입니다. 불상이나 탱화처럼 고정된 모습의 불보살이 아니라, 진짜로 살아 숨쉬는 불보살님께서 바로 '나'의 앞에 계신다는 자세로 절을 해야 합니다.

진짜 불보살님께서 지금 우리 앞에 계신다면 과연 '나'는 어떻게 절을 올리겠습니까? 횟수를 채우기 위해 절을 하겠습니까?

한 배를 하든 백팔 배를 하든 천 배를 하든, 꼭 같은 정성으로 절을 할 것입니다.

또 참회를 하는 마음가짐은 어떻겠습니까? 오로지 '잘못했습니다. 이끌어 주옵소서'라고 할 것입니다.

그리고 참회문을 읽을 때도 틀림없이 온 마음을 기울여 읽을 것입니다.

눈앞에 살아 숨쉬는 진짜 불보살님이 계시는 듯이 절을 올리고 참회를 할 때의 정성과 마음가짐! 그 정성과 마음가짐이면 법계에 가득 충만되어 계신 불보살님께서 언제나 우리와 함께 하고, 반드시 우리에게 가피를 내려 주십니다. 단 몇 번의 절이라도 이렇게만 한다면 생각보다 훨씬 큰 은혜를 입을 수가 있습니다.

정녕 이것이야말로 참회의 핵심이요 불교를 믿고 실천하는 불자의 근본자세이니, 잘 명심하여 절하고 참회하고 생활하시기를 간절히 청하옵니다.

나무참제업장시방제불보살

III
염불참회법
·
주력참회법

23 염불참회법이란

문 이제 염불과 주력을 통한 참회법에 대해 알고 싶습니다. 먼저 염불참회법부터 일러주시겠습니까?

답 염불참회법은 불교의 여러 참회법 중에서 누구나 할 수 있는 가장 쉬운 참회법입니다. 곧 나무아미타불·석가모니불·약사여래·관세음보살·지장보살·문수보살 등의 불보살님 중 한 분의 명호를 부르면서 죄업을 녹이는 것이 염불참회법입니다.

때로는 '마하반야바라밀', '대방광불화엄경' 등 경전 이름이나 경전의 핵심된 내용을 염하는 것도 염불의 범주 안에 넣으므로, 이 또한 염불의 한 방법으로 생각하는 것도 무방합니다.

어떠한 불보살님의 명호라도 좋습니다. 불보살님 중 나와 인연이 깊다고 느껴지는 한 분의 명호를 택하여, 입으로 부르고 마음으로 생각하며 참회를 하면 업장이 녹고, 업장이 녹으면 장애와 재난이 소멸되면서 길이 고통의 나락에서 벗어날 수 있게 됩니다.

힘들여 절을 많이 하라는 것도 아닙니다. 잘 이해되지 않는 경전을 외우라는 것도 아닙니다. 오직 마음을 모아 불보살의 명호를 외우고 생각하면 틀림없이 업장을 녹여 고난으로부터 해탈하게 된다는 것을 많은 불경들은 한결같이 설하고 있습니다.

특히 『무량수경』등의 정토왕생을 설한 경전에서는 단 열 번만 '아미타불'을 간절히 생각하며 외우게 되면, 매우 중한 죄를 지은 중생일지라도 극락정토에 태어나 환란으로부터 영원히 구제받을 수 있다고 하였습니다.

24 염불만으로 업장소멸이 되는 까닭

문 인과의 법칙이 명백한 이 법계에서 어떻게 불보살님의 명호를 외우는 것만으로 업장소멸이 가능한지요?

답 그 가능성은 중생인 '나'로 인해 생겨난 것이 아닙니다. 바로 불보살님의 근본서원력(根本誓願力), 곧 부처님이나 큰 보살님들이 보살행을 닦아 익힐 때 세운 중생제도의 원(願) 덕분입니다.

우리가 즐겨 염하는 불보살님들은 하나같이 '나의 이름을 부르며 나를 생각하면 중생의 참회를 받아들여 고통을 제거해주고 행복을 안겨주겠다'는 원을 세우신 분들입니다. 그리고 그 원을 성취하기 위해 갖은 시련을 극복하며 힘을 길렀습니다.

그러한 불보살님의 원력 덕분에 우리는 믿음 속에서 그 분들의 명호를 외우며 염불을 하고 참회만 하면 됩니다. 불보살의 밝은 이름을 외우며 참회를 하면 불보살님의 서원력에 의해 모든 죄업이 남김없이 소멸되면서 편안함을 얻게 되는 것입니다. 비석화상(飛錫和尙)의 『염불삼매보왕론』에는 다음과 같은 구절이 있습니다.

"물을 맑히는 구슬인 수청주(水淸珠)를 탁한 물에 넣으면 아무리 탁한 물이라도 맑아지지 않음이 없는 것처럼, 어지러운 마음에다 염불을 던져 넣으면 아무리 탁한 죄업의 마음이라도 맑아지지 않음이 없느니라."

이 얼마나 명쾌한 가르침입니까? 그러나 '나'의 노력이 없으면 수청주와 같은 가피를 입을 수가 없습니다. 노력 없이 '나' 스스로가 만든 벽 속에 웅크리고 앉아 있으면 불보살님과 통할 수 없습니다. '나' 스스로가 만든 벽이 모든 가피를 차단해버리기 때문입니다.

하지만 참회의 염불을 행하게 되면 불보살님의 근본원력와 '나'의 원이 하나로 통하게 되어, 불보살님의 큰 가피 속에서 능히 참회를 이룰 수 있고 업장을 소멸시킬 수가 있는 것입니다.

25 주력참회법의 의미

🔲 염불참회법의 원리는 잘 알았습니다. 그럼 주력참회법은 무엇이며, 어떤 원리를 담고 있습니까?

🔳 먼저 주력(呪力)이 무엇인지부터 간략히 이야기하겠습니다. 불교에서는 주력의 주(呪)를 달리 진언(眞言) 또는 다라니(陀羅尼)라고 합니다. 진언은 '참된 말'·'진리의 언어' 라는 뜻이며, 다라니는 '모든 업장을 벗어나게 하고 한량없는 복덕과 공덕을 간직하고 있는 말' 이라는 뜻입니다.

이 진언과 다라니는 다른 말이 아닙니다. 일반적으로 범어로 된 짧은 구절을 진언이라 하고, 긴 구절을 다라니라고 합니다. 곧 진언과 다라니를 합하여 주(呪)라고 하는 것이며, 이 주(呪) 자체가 신비로운 힘을 가지고 있기 때문에 '주력(呪力)' 이라 일컫는 것입니다.

현재 우리나라 불자들이 많이 외우는 대표적인 진언으로는 광명진언 · 옴마니반메훔 · 참회진언 등을 꼽을 수 있고, 다라니로는 신묘장구대다라니와 능엄주를 꼽을 수 있습니다.

그럼 진언 또는 다라니 속에는 어떠한 힘이 간직되어 있는가?

바로 제불삼보감통력(諸佛三寶感通力)입니다. 모든 부처님과 삼보의 감통력입니다.

완전한 깨달음을 이룬 부처님께서 이 법계에 충만되어 있는 원만·성취·진실한 기운을 언어로 표현한 것이 진언이요 다라니이기 때문에, 우리가 진언이나 다라니를 지극정성으로 외우면 제불삼보와 그대로 감통하여, 업장소멸과 동시에 심중소원을 능히 성취할 수 있습니다.

곧 주력참회는 진언이나 다라니를 외우며 제불삼보감통력 속으로 들어가 참회를 이루는 방법입니다. 따라서 입으로 내는 소리만 다를 뿐 원리는 염불과 크게 차이가 나지 않습니다.

26 언제 어디에서 몇 시간을 기도할까?

📖 염불참회나 주력참회는 언제 어디에서 얼마 동안 하는 것이 좋습니까?

㊐ 먼저 한 가지 양해를 구하겠습니다. 염불참회와 주력참회의 방법은 거의 같습니다. 다만 대상이 '불보살님이냐, 진언 또는 다라니냐' 하는 차이입니다. 그러므로 여기에서는 문장이 복잡해지는 것을 방지하기 위해 주력에 대해서는 될 수 있는대로 직접 언급하지 않고, 염불 한 가지를 중심으로 삼아 이야기하겠습니다.

먼저 **장소** 입니다.
처음으로 염불참회(주력참회)를 하는 이는 조용한 곳에서 행하여야 합니다. 절에서 참회를 할 때는 법당 안에서 하면 되지만, 집에서 행할 때는 방해를 받지 않을 조용한 공간을 택하십시오.
어떤 이는 처음 기도를 할 때 집도 좁고 가족들도 이해를 해 주지 않아 부엌 또는 목욕탕에서 하였다고 합니다.

　때로는 '**어느 쪽을 향하여** 기도를 해야 하는가'를 질문하는 이가 많은데, 가재도구가 많은 집안에서 기도를 위한 별도의 방을 갖거나 아늑한 공간을 찾기가 쉽지 않을 것입니다. 그때는 방안에서 그나마 넓게 비어 있는 벽을 향해서 해도 좋고, 거울 앞에 앉아 자신의 얼굴을 보면서 행하여도 좋습니다. 산란하지 않은 방향을 택하면 됩니다.

　참회기도는 **하루 중 언제** 하는 것이 좋은가?
　마음을 잘 모을 수 있는 때라면 언제라도 좋지만, 가급적이면 일어나서 씻은 다음의 시간이나 잠자기 전의 밤중, 전업 주부라면 남편과 자식들이 나가고 난 다음의 조용한 오전시간이 좋습니다.

　'**몇 시간 동안이나** 염불참회(주력참회)를 해야 하는가?'는 '어떤 일로 참회를 하느냐?'에 따라 달리 잡아야 합니다.

만일 꼭 이루어야 할 소원이 있어 업장참회의 염불을 할 경우라면 적어도 아침저녁으로 1시간씩 2시간은 하여야 하고, 매우 다급하고 힘든 경우라면 하루종일 한다는 각오로 임하여야 합니다. 오나가나 앉으나 서나 염불참회를 해야 합니다.

그러나 수행 삼아 염불참회를 하면서 불보살의 은근한 가피를 바라는 경우라면 하루 한 시간 정도로 시간을 정하는 것이 좋습니다. 그리고 여러 가지 일로 시간을 많이 낼 수 없는 이라 할지라도 최소한 30분은 해야 합니다. 긴 향은 한 시간, 보통 향은 30분 가량 타므로, 굳이 시계를 볼 필요 없이 향으로 시간의 흐름을 측량하는 것도 한 방법입니다.

정녕 염불참회를 할 때 권하고 싶은 것은 하루 만 번씩, 염주알 천 개를 꿰어 만든 천주(千珠)를 열 번 돌리며 염불하는 것입니다. 처음에는 만 번 염불하는 것이 지루하게 느껴질 수도 있겠지만, 익숙해져 빨리 염불할 수 있게 되면 한 시간 남짓 만에 만 번을 능히 할 수 있습니다.

염불참회법 주력참회법 · 69

27 기도기간은 어느 정도?

문 염불참회·주력참회의 기간은 어느 정도로 잡는 것이 좋습니까?

답 많은 불자들이 궁금해 하는 것은 '얼마 동안이나 하면 업장이 소멸되어 나의 이러한 문제가 풀리겠는가' 하는 것입니다. 그 기간은 경우에 따라 다르며, 『대집경』에는 다음과 같은 가르침이 있습니다.

"혹 하룻밤이나 이레 동안이라도 다른 업을 짓지 말고 지극한 마음으로 염불하여 보라. 조금 염하면 업을 조금 녹이고, 많이 염하면 업을 많이 녹이느니라."

염불참회(주력참회)를 통하여 '얼마나 빨리 업장을 녹이느냐' 하는 것은 참회하는 이의 정성과 업의 두께에 따라 다를 수밖에 없습니다. 그러나 굳이 이야기하라면 최소 기간을 삼칠일(21일) 또는 49일로 잡는 것이 좋고, 보통은 백일기도를 함이 바람직합니다.

그리고 한번 기간을 정하여 업장이 녹지 않을 때는 '두 번 세 번 거듭거듭 마음을 모아 행하겠다'는 자세를 갖추어야 합니다. 또 큰 깨달음을 이루기 위한 참회기도라면 평생을 할 각오를 해야 합니다.

이렇게 기한을 정하여 꾸준히 참회기도를 하다 보면 그 날짜가 다 채워지기도 전에 가피를 입는 듯한 징조를 감지하게 되는 경우가 있습니다. 그렇다고 하여 회향일 전에 참회를 그만두지 말고, 꾸준히 계속하여 날짜를 채우는 것이 좋습니다.

28 인연 맺은 불보살님
명호를 계속 외워라

문 염불참회를 할 때는 어떤 불보살님의 명호를 외우는 것이 좋습니까?

답 염불참회를 할 때 불자들이 많이 염하는 불보살님은 아미타불·약사여래·석가모니불·관세음보살·지장보살·문수보살·미륵보살·제대성중·화엄성중 등입니다. 이들 불보살님의 이름이 다르므로 서로의 권능도 다른 듯하지만, '대자비로 맺힌 업장을 풀어주고 중생들을 거두어들인다'는 입장에서 보면 조금도 차이가 없습니다.

아미타불과 관세음보살을 예로 들어봅시다.

아미타불은 내생의 행복만 보장하고, 관세음보살은 현생의 행복만을 보장하는 것이 아닙니다. 아미타불·관세음보살 할 것 없이 모든 불보살님들은 염불하는 이의 현생과 내생의 행복을 함께 보장하고 있습니다.

또 관세음보살을 외우면 죽어서 극락에 못 가고 아미타불을 외워야만 극락에 태어나는 것이 아닙니다. 어느 분을 불러도 극락에 태어날 수 있습니다. 문제는 기도하는 내가 극락왕생의 원을 세우느냐 세우지 않느냐에 있습니다. 내가 극락왕생의 원을 세우면 아미타불도 관세음보살도 나의 원을 따라 이루어주시기 때문입니다.

그러므로 한 불보살님과 인연을 맺었으면 될 수 있는 한 그 불보살님의 명호를 외움이 좋습니다. 한 분의 명호를 꾸준히 흔들림 없이 외워야 차츰 힘을 많이 모을 수 있기 때문입니다.

따라서 염불을 전혀 해 본 경험이 없는 이가 참회기도를 새로 시작하는 경우라면 소원하는 바를 따라 한 분의 불보살님을 선택해야 하겠지만, 염불을 해 본 경험이 있는 이라면 이전에 외웠던 분의 명호를 계속 염하는 것이 바람직합니다.

혹, 일부 불자들 중에는 염불참회를 하다가 쉽게 성취를 보지 못하면, "관세음보살은 나와 인연이 없는가 보다. 지장보살을 부르는 것이 더 좋지 않을까?" 하면서 스스로 흔드는 이가 있습니다.

또 주위의 스님이나 신도가 지나가는 말로 "당신은 지장보살보다 산신과 인연이 깊다"고 하면, 그만 흔들려서 '산왕대신'을 찾는 이들까지 있습니다.

하지만 이럴 때 흔들려서는 안 됩니다. 오히려 이것이 시련이요 염불참회를 방해하는 마장(魔障)이 될 수 있으므로, 더욱 지조 있게 한 분의 불보살님을 찾아야 합니다. 바꾸어 말하면 마장이 나타난다는 것은 업장소멸과 기도성취가 그만큼 가까워졌음을 시사하는 것이므로, 더욱 마음을 모아 염불을 해야 합니다.

주력참회 때 택할 진언이나 다라니도 마찬가지입니다. 특별한 계기가 주어지지 않는 한 될 수 있으면 기도 중에는 하던 염불이나 진언 등을 바꾸지 않는 것이 좋습니다.

정녕 일생에 단 한 번이라도 참회기도를 철저히 하여 그 불보살님의 자비광명과 삼보의 감통력 속으로 들어가는 물꼬를 트게 되면 가피가 끊임없이 이어지게 된다는 사실을 잊지 마시기 바랍니다.

29 다소 자유로운 염불참회의 자세

문 염불참회(주력참회)를 할 때는 어떠한 자세를 취해야 합니까? 그리고 공양물로는 무엇을 올리는 것이 좋은가요?

답 염불참회를 할 때는 무릎을 꿇고 앉든지 가부좌한 자세로 단정히 앉아 행하여야 합니다. 또 가부좌를 하기가 힘들다면 의자에 단정히 앉아 행하여도 괜찮습니다. 그러나 바르게 앉을 수 없을 만큼 몸이 좋지 않은 경우, 벽에 기대거나 누워서 해도 무방합니다.

공양물에 대해서는, '집에서 기도를 할 때 음식을 올려야 하는가'를 묻는 불자들이 예상 밖으로 많습니다. 절에 가서 기도를 하는 경우라면 절에서 기피하는 것이 아닌 어떤 공양물이라도 괜찮습니다. 그러나 집에서 기도할 경우에는 기본적으로 향을 피우는 것으로 족하며, 조금 더 한다면 꽃과 촛불, 정안수까지는 괜찮습니다. 그러나 음식물을 공양하게 되면 객귀 등의 잡된 신이 찾아들 수 있으므로 올리지 않는 것이 좋습니다.

그리고 평소에 향냄새 및 향연기에 대해 부작용이 있는 분이라면 향을 피우지 않아도 됩니다. 이 경우 억지로 피우게 되면 오히려 기도에 방해가 될 뿐입니다.

또 한가지, 참회기도를 할 때 불사(佛事)에 동참한다는 마음으로 형편에 맞게 가족의 축원을 곁들이며 한 푼씩의 돈을 올렸다가, 절에 갈 때 가지고 가서 보시를 하거나 특정한 불사에 보시를 하는 것도 좋은 방편이 될 수 있습니다.

30 부득이 참회기도를 못하게 될 때

문 특별한 일 때문에 부득이 기도를 못하게 될 때는 어떻게 해야 합니까?

답 앞의 〈참회와 절〉에서도 언급 하였듯이, 여행이나 특근 등으로 집에서 염불참회를 할 수 없는 경우라면 스스로가 정한 시간만큼 차 안이나 직장 등 어느 장소에서든 하는 것이 좋고, 그것이 어려우면 단 열 번이라도 불보살님의 명호를 외운 다음 사정을 고하여야 합니다.

"오늘은 특별한 사정 때문에 참회를 제대로 행하지 못하게 되었습니다. 이 허물을 받아 주시옵소서. 내일은 올바로 잘 하겠습니다."

그리고 스스로가 세운 축원과 발원을 염하십시오. 이렇게 하면 한 번 하지 않은 것을 핑계삼아 계속하지 않게 되는 허물을 막을 수 있습니다.

31 내 소리를
   내 귀로 들으며 염불하라

문 이제 염불참회(주력참회)의 방법에 대해 묻겠습니다. 불보살님의 명호를 입으로 외울 때 특별한 요령이 있습니까?

답 '관세음보살'을 외운다고 할 경우, 정해진 법이 따로 있는 것은 아닙니다. 입으로 외우라 했다고 하여 반드시 입 밖으로 큰소리가 나와야 하는 것도 아닙니다.
때로는 크게 할 수도 있고, 때로는 작게 할 수도 있으며, 때로는 혼자만의 속삭임처럼 외울 수도 있습니다. 마음이 답답하거나 다급한 일이 있다면 절을 하면서 크게 외칠 수도 있습니다.

또한 '큰 소리로 염불을 하면 열 가지 공덕이 있다'는 말을 듣고 일부러 큰 소리로 염불을 하는 불자들도 있습니다. 그러나 공덕의 크고 작음은 마음을 얼마나 잘 모아 참회하고 염불하느냐에 달려 있는 것일 뿐, 소리의 크고 작음과는 별 상관이 없습니다. 오히려 소리를 크게 냄으로써 주위 사람들의 반감을 불러일으키는 경우도 있으므로, 처한 환경에 따라 소리의 강약을 조절하는 것이 좋습니다.

그리고 내 염불하는 소리를 내 귀로 들으면서 끊임없이 이어지도록 하는 것이 최상입니다. 남이 듣는 소리로서가 아니라, '나' 속에서 끊임없이 어어져야 합니다. 그렇게 하기 위해서는 일타스님께서 생전에 즐겨 일러주신 다음과 같은 요령을 취하는 것이 좋습니다.

염불을 시작하기 전에 심호흡을 세 번 또는 일곱 번 하십시오. 그리고 아랫배까지 숨을 가득 들이켜 '관-세-음-보-살, 관-세-음-보-살' 하면서 천천히 시작하되, 서너 번 정도가 지나면서부터 점점 빨리 부르기 시작하여 마침내는 한 번 한 번 부르는 '관세음보살' 명호의 앞뒤가 간격이 없을 만큼 빠르게 불러야 합니다.

이때 염불을 하고 있는 사람은 한 번 한 번 '관세음보살'을 분명히 염송하지만, 옆에 있는 사람은 무슨 소리인지 알아듣지를 못하기도 합니다. 그리고 입만 달싹거릴 뿐, 소리가 거의 밖으로 새어나오지 않게 불러도 무방합니다.

숨을 내쉴 때만 '관세음보살'을 외우는 것이 아니라, 숨을 들이쉴 때도 외워야 합니다. 또한 염불을 하면서 숨을 들이킬 때는 그 기운이 몸 깊숙한 곳까지 들어가도록 해야 합니다. 짧은 호흡이 아니라 긴 호흡을 하면서 염불하라는 것입니다. 이렇게 하면 잠시도 염불이 끊어지지 않게 됩니다.

32 다급한 일이면 염불도 열심히

🗒 매우 다급하고 속히 이루어야 할 일이 있어 염불참회를 하는 경우라면 어떤 요령으로 해야 합니까?

🗒 그 일의 다급함만큼 염불도 열심히 열심히 몰아붙여야 합니다.

참으로 애가 타고 '나'의 능력으로는 어찌할 수 없어 애간장이 녹아날 일이 있다면 이것저것 생각할 겨를이 없습니다. 모든 것을 불보살님께 맡기고 배고픈 아기가 어머니를 찾듯이, 갈증으로 신음하는 사람이 물을 찾듯이, 중병을 앓는 이가 용한 의사를 찾듯이 간절한 마음으로 불보살님의 명호를 불러야 합니다.

밥을 먹을 때도 속으로는 '관세음보살'을 부르고 뒷간에서 볼 일을 볼 때도 '관세음보살'을 불러야 합니다. 적당하고 형식적인 염불로는 안됩니다. 지극하게 매달려야 합니다. 진한 땀이 흘러나오고 눈물이 쑥 빠지도록 열심히 염하게 되면, '나'의 힘으로는 어찌할 수 없는 일도 얼마 지나지 않아 해결을 볼 수 있게 됩니다.

어려운 고비를 한숨으로 지새지 말고 염불참회로 자리 메움을 해보십시오. 조급증을 내지 말고 염불참회를 하십시오.
'나는 이제 죽었다' 싶으면 죽을 각오로 염불을 하십시오. 그렇게만 하면 업장이 녹으면서 복이 찾아듭니다.

우리가 살고 있는 이 법계에는 자비와 행복의 기운이 가득 충만되어 있습니다. 그 자비와 행복의 기운을 '나'의 것으로 만들게 하는 것이 참회요 염불이요 주력입니다. 오히려 지금의 시련을 업장을 녹여 큰 복을 담을 수 있는 기회로 생각하고, 꼭 염불참회나 주력참회를 해보시기 바랍니다.

33 염불을 할 때도 참회하고 감사하라

문 염불참회 또는 주력참회를 할 때는 마음속으로 무엇을 염해야 합니까?

답 항상 마음속으로 '잘못했습니다', '감사합니다' 라고 하는 것이 좋습니다. 참회의 염불이나 주력을 할 때는 항상 '잘못했다', '감사하다' 는 마음가짐이 지속되어야 함이 원칙입니다. 참회를 하고 감사를 느낄 때 대우주의 성취파장이 가장 빨리 다가오기 때문입니다.

그러므로 불보살님의 명호를 부르고 생각하면서 마음속으로는 '감사합니다, 관세음보살님', '부처님, 잘못했습니다. 업장을 소멸시켜주셔서 감사합니다' 등의 속삭임이 이어져야 합니다.

어떤 이는 이에 대한 의문을 일으킬 것입니다.

"잘못했다고 하라는 뜻은 알겠는데 감사는 왜 하라는 것인가?"

"현재 이루어지지도 않았는데 왜 '이루어 주셔서 감사

하다' 라고 하지?"

그러나 이 또한 기도의 한 방법입니다. 미래의 성취를 이미 이룬 과거형으로 바꿈으로써 틀림없는 성취를 이끌어 내는 것입니다. 그리고 소원이 있으면 '불보살님께서 알아서 해주겠지' 하지 말고, 함축성 있는 발원의 구절을 만들어 봄이 좋습니다. 이 경우, '나'의 이기적인 욕심만 풀어놓지 말고 자리이타(自利利他)가 될 수 있는 원을 발하여야 합니다. 예를 들어보겠습니다.

"부처님 잘못했습니다. 저의 ……한 소원이 꼭 이루어지게 하옵고, 모든 중생에게 불보살님의 자비와 지혜와 행복의 빛이 충만하여지이다."
"잘못했습니다. 관세음보살님. 모든 이를 살리는 이 몸이 되겠나이다. 일체 재앙이 티끌로 화하고 소원이 성취되어지이다. 감사합니다."

이렇게 무조건 잘못을 참회하고 감사하면서, 나와 남을 함께 이롭게 하는 자리이타의 원을 발하여 보십시오. 모든 업장을 만들었던 이기심이 스르르 무너지면서 가피를 입음은 물론이요, 새롭게 태어날 수 있습니다.

34 나를 비우고
   불보살님을 가득 채워라

문 염불참회와 주력참회를 할 때 잊기 쉬운 점을 다시 한번 지적해 주십시오.

답 염불참회·주력참회를 하면 누구나 영험스러운 힘을 발휘할 수 있습니다. 그러나 말을 많이 듣고 책을 많이 읽는다고 하여 영험을 발휘할 수 있는 것은 아닙니다. 문제는 실천입니다. 참회를 꾸준히 실천하면 영험스러운 힘이 저절로 표출됩니다.

하지만 실천에 옮길 때는 반드시 덥고 추운 시절이 닥쳐옵니다. 덥다고 게으름을 피우고, 춥다고 움츠러 들어서는 안됩니다. 더울 때는 땀 흘리며 살 줄 알아야 합니다. 농부가 더위 속에서 땀을 흘리며 농사를 짓듯이, 우리 불자들도 땀을 흘리며 정진을 해야 합니다. 참회를 하고 마음 공부를 해야 합니다.

참회를 이루고 마음 공부가 된 사람은 실수가 없습니다. 오히려 뜻하는 바에 따라 그대로 실천을 합니다. 이것이 기도의 참된 영험입니다.

　다시 한 번 강조하건대, 아미타불·관세음보살·지장보살·문수보살 등의 명호를 부르며 염불참회를 하는 이들은 꼭 염(念)을 해야 합니다. 입으로만 명호를 부르지 말고 아미타불 등을 생각하며, '부처님의 뜻과 행동을 따르겠다', '불보살님을 잘 모시며 살겠다'는 자세로 임하면서 참회를 하고 감사를 해야 합니다.

　내가 염불을 하지만 '나'를 버려야 합니다. 나를 비우고 나의 마음 가득 불보살님을 담아야 한다는 것을 꼭 명심하시기를 당부드립니다.

IV
가족을 향한 참회

35 삶 속에서 가장 아픈 시절

문 가장 가슴 아픈 때는 언제일까요?

답 한평생을 살면서 사람들이 겪는 괴로움은 각양각색이지만, 괴로움의 원인을 한 마디로 요약하면 '사람과 물질'이라 할 수 있습니다.

이 둘 중에서도 물질은 가진 것만으로 만족을 하거나 포기를 할 수 있습니다. 그러나 사람은 다릅니다. 특히 가족은 포기할 수가 없습니다.

우리는 어려서부터 '가족은 서로 사랑하면서 살아야 하고, 서로를 보살피며 살아야 한다'고 배웠습니다. 물론 당연히 그렇게 살아야 합니다.

그런데 그 당연한 사랑과 보살핌을 뜻과 같이 하지 못하고 사는 경우가 많습니다. 아니, 뜻과 같이 하지 못하는 정도가 아니라, 이 세상의 가장 큰 고통이 가족 사이에서 전개되기도 합니다.

가족을 미워하고 시기하고 두려워하고 원수처럼 여기면서 스스로 또한 괴로워하고…. 실로 살면서 가장 안타깝고 유감스러운 것은 마땅히 사랑해야 할 가족과 원만한 관계를 유지하지 못하고 살아갈 때입니다.

사랑하는 부모·형제·남편·아내·아들·딸 등은 좋은 인연 속에서 서로 서로 살려가야 할 가족들이건만, 오히려 그 사람들 때문에 '머리가 아프고 가슴이 찢어질 듯한' 때가 많습니다.

인연이 깊으면 깊을수록, 사랑하면 사랑할수록 서로를 살려야 하는 것인데, 좋은 인연은커녕 서로가 서로에게 깊은 상처를 주고 악연(惡緣)을 맺는 경우도 있습니다. 그러한 때가 가장 가슴 아픈 때입니다.

36 가족에게 함부로 대하지 말라

문 만약 좋지 않은 가족관계 속에 있다면 어떻게 처신해야 합니까?

답 아무리 가까운 부모자식이라 할지라도 함부로 대하며 살아서는 안 됩니다. 가족에게 모진 사람이 되고 모진 인연을 맺으며 살아서는 안 됩니다.

서로가 가깝고 만만하다고 하여 말과 행동과 마음가짐을 함부로 하다 보면, 인연이 깊은 만큼 원한도 악연도 깊어지게 됩니다.

그리고 어느 날 갑자기 오랫동안 맺혀 있던 분노와 원망이 한꺼번에 터져 나오게 되면 걷잡을 수 없는 불행 속으로 빠져들게 됩니다. 우리가 참으로 조심하고 정성을 모아 대해야 할 이가 부모요 형제요 남편이요 아내요 아들딸임을 잊어서는 안 됩니다.

37 가끔은 원수가 가족 되어

🗒 '원수가 가족이 되어 만난다' 는 말도 있던데요?

🗒 『자비도량참법』에 "가족이 원수인 줄 알아야 한다" 는 구절이 매우 자주 나옵니다. 그렇습니다. 대부분의 사람들은 '원수' 가 남남 사이에서 맺어지는 것으로 착각을 합니다.

하지만 원수는 남남사이에서만 등장하는 것이 아닙니다. 오히려 큰 원수는 부부나 부모 · 자식 · 연인 등, 결코 무시할 수도 없고 무시당할 수도 없는 사이에 찾아들게 됩니다. 그야말로 원수가 가족이 되어 복수를 하는 경우도 심심찮게 나타나고 있습니다.

38 다생의 인연이기에
허물도 잘못도 많다

문 가족 때문에 힘든 것은 꼭 원수이기 때문입니까?

답 물론 꼭 그렇다는 것은 아닙니다. 원수가 아닐지라도 가족이 되려면 다생 다겁의 인연이 있어야 가능합니다. 참으로 묘하게도 심령과학자들이 연구한 바에 따르면, 이 생에서 가족이 되어 있는 경우는 여러 생 동안 가족관계를 맺었던 사람들이 대부분이라는 것입니다.

그렇다면 우리는 현재의 가족들과 전생에 어떠한 인연을 맺었을까요?

그 많은 시간을 함께 하면서 '사랑'이란 이름으로 좋은 업도 많이 지었겠지만, 서로를 힘들게 하는 업도 짓지 않을 수가 없습니다. 마음 가득히 사랑이 넘치는 사이! 그렇다고 하여 서로를 힘들게 한 그 업의 과보를 피해가기란 용이하지 않습니다.

따라서 이 현생에서 무척이나 좋은 인연의 가족관계를

유지하고 있는 이라 할지라도, 서로를 힘들게 하는 일은 거듭거듭 생겨나기 마련인 것입니다.

다시금 생각을 해보십시오. 만일 우리의 가족들이 좋은 인연으로만 만났다면 가족 때문에 속이 상하지 말아야 하고, 짜증이 나지 않아야 하고, 화가 나지 않아야 하고, 불필요한 근심걱정이 일어나지 않아야 합니다.

만약 가족 중의 그 누구로 인해 화가 나고 신경이 쓰이고 짜증이 나고 속이 상하는 일이 거듭된다면, 무엇인지는 분명하지 않지만 그 사람과의 사이에 좋지 않은 업연이 얽혀 있다고 보아야 합니다.

좋은 인연만으로 만났으면 언제나 반갑고 즐겁고 흐뭇해야 할 것인데, 좋지 못한 인연도 가지고 만났으니 얄밉고 야속하고 괘씸한 생각도 일어나는 것입니다.

그런데 묘한 것은 그 업연이 우리의 의지와는 관계없이 다가선다는 것입니다. 누구나가 좋은 인연 속에서 살기를 바라지만, 홀연히 나쁜 업이 우리의 앞을 가로막습니다. 보다 정확히 이야기하면 우리가 이미 맺은 깊은 인연은 반드시 우리와 함께 하게끔 되어 있다는 것입니다.

39 가까울수록
인연을 가꾸며 살아야

문 그럼 지금 이 순간을 어떻게 맞이해야 합니까?

답 지금의 인연을 잘 가꾸며 살아야 합니다. 지금의 가족을 좋은 인연으로 만났든 나쁜 인연으로 만났든, 그 인연을 가꾸며 살아야 합니다.

좋은 인연이라고 하여 서로에게 결코 함부로 하여서는 안 됩니다. 가족일수록 서로가 말을 조심하고 행동을 조심하고 생각을 잘 단속해야 합니다. 가까울수록 서로서로 조심하고 아껴서 매듭이나 응어리를 맺는 일이 없도록 해야 합니다.

사람과 사람 사이에서 가장 큰 장애가 되는 것은 서로 간의 보이지 않는 매듭이요 내 마음 속의 응어리입니다. 그 매듭을 풀고 그 응어리를 녹이면 장애는 사라지고 행복은 저절로 깃들게 됩니다.

40 가까운 이를 향한 참회부터 시작하라

📮 그렇다면 맺힌 매듭을 풀고 마음속 깊이 도사리고 있는 응어리를 푸는 방법은 무엇입니까?

📩 그것은 바로 참회(懺悔)입니다. '잘못했다'고 하는 참회입니다. 그런데 요즈음 사람들은 '잘못했다'는 말을 하는데 너무나 인색한 듯 합니다. 특히 가까운 사람에게는 이 말을 쓰기를 더욱 꺼려하는 듯 합니다.

아무리 허물 없고 가까운 사이라 할지라도 잘못하였으면 주저 없이 '잘못했습니다', '죄송합니다', '미안합니다'라고 하십시오. 이 한 마디면 모든 허물이 벗겨지고 서로의 관계가 좋아집니다. 이것이 참회입니다.

그리고 참회는 가까운 데서부터, 가정에서부터 시작되어야 합니다. 그것도 부모가 먼저 시작해야 합니다. 부모가 잘못한 것이 있으면 자식들에게 '잘못했다. 미안하다'는 말을 주저 없이 할 수 있어야 합니다.

41 부모가 먼저 참회하라

문 쉬운 예를 하나 들어주시겠습니까?

답 퇴근 후 일찍 들어와 아이의 숙제를 거들어 주겠다고 약속했던 아버지가 아이의 양해도 얻지 않고 다른 사람을 만나 늦게 들어갔다고 합시다. 아버지가 어긴 약속을 결코 작은 일로 생각하지 않는 아이는 아버지에게 묻습니다.
 "아빠, 왜 오늘 약속을 지키지 않았어요?"
 그때 아버지가 전후사정을 설명하지 않고 아버지의 권위로, "이놈아, 시끄럽다."고 한다면 그 아이의 가슴에는 못이 박히고 맙니다. 그리고 그 아이 또한 약속을 지키지 않고도 잘못을 긍정하려 하지 않게 됩니다.

 "그래, 아빠가 잘못했구나. 미안하다. 다음부터는 잘 지키마."
 이렇게 자식에게 잘못을 쉽게 긍정하는 부모 밑에서

가족을 향한 참회 · 97

자라는 아이들은 잘못을 저질렀을 때 자연스럽게 '잘못했습니다' 라는 말을 할 수 있게 되는 것입니다.

뿐만이 아닙니다. '잘못했다' 는 이 말은 현재 눈에 보이지 않는 업보까지 능히 녹여줍니다. 상대방 마음 속의 응어리를 능히 풀어줍니다.
 지난날의 잘못이 떠오르면 무조건 참회하십시오. 참회를 하면 할수록 가족관계는 더욱 원만해집니다.

42 자존심을 버리고
무조건 '잘못했다'고 해보라

문 부부사이, 연인사이, 친구사이도 마찬가지입니까?

답 그렇습니다. 부부싸움은 '칼로 물베기'라 하지만, 별 것 아닌 일로 서로 폭력을 휘두르고 며칠 동안 말도 하지 않는 경우도 많습니다. 심지어는 마음 가득 독기를 품고 지난날의 잘못까지를 모두 끄집어내어 감정을 악화시키고, 마침내는 갈라서기까지 합니다. 이 모두가 자기는 잘못이 없다고 생각하고, 상대에게 고개를 숙일 이유가 없다고 생각하기 때문입니다.

진정 중요한 것은 그 순간입니다. 바로 그때 자존심을 버리고 무조건 '잘못했다'고 해보십시오. 이 한마디에 모든 갈등은 눈 녹듯이 사라집니다.
 누가 먼저이면 어떻습니까? 나의 잘못이 상대보다 좀 적으면 어떻습니까? 서로 사랑하는 사람끼리….

가족을 향한 참회 · 99

한쪽에서 '내가 잘못했다'고 하면 그것으로 끝날 일인데도 서로 고집을 부리고 자존심을 내세우기 때문에 쉽게 화해가 되지 않는 것이고, 옳고 그름을 따지다 보니 변명과 섭섭한 말이 오고 가게 되어 감정이 더욱 꼬이게 되는 것입니다.

부디 진정으로 사랑하고 살려가는 사이답게 서로의 괴로움을 없애주고〔拔苦〕 즐거움을 줄 수 있도록〔與樂〕 노력해 보십시오. 그리고 사랑하는 사람과 사소한 다툼을 갖게 되면 용기 있는 사람답게 먼저 말하십시오.

"내가 잘못했다. 앞으로 잘하자."

틀림없이 서로의 굳었던 마음이 풀려서 사랑은 더욱 커지고 평화로움은 더욱 가득해질 것입니다.

43 가족에게 직접 못하면
   불보살님께 참회하라

㉿ '만만한 것이 가족'이라고, 사실 살다 보면 공연히 다투고 짜증을 내거나 화를 낼 때가 있습니다. 그런데 가족에게 짜증을 부리거나 가족과 다투고 나면 하루 종일, 또는 며칠 동안 기분이 좋지가 않습니다. 그런데도 아직 자존심의 꼭지가 덜 떨어져 '잘못했다'는 말을 못할 경우가 많습니다. 이럴 때는 어떻게 해야 합니까? 좋은 방법이 없는지요?

㉿ 부부나 부모·자식 등 가족끼리 다투어 마음이 좋지 않을 때에도 혼자서 속을 썩이거나 술 등의 다른 것으로 풀려고 하지 말고, 참회로써 바로 풀도록 해야 합니다.

부부싸움을 한 남편의 경우를 예로 들겠습니다. 싸움을 한 직후 아내에게 바로 사과하는 것이 쑥스럽다면 먼저 불보살님 전에서 참회하십시오.

"부처님, 아침에는 제가 아내에게 잘못한 것을 알면서도 사과를 하지 않고 출근하였습니다. 아내의 이야기를 조금만 더 잘 들어 주면 될 것을, 잔소리처럼 들려 고함을 버럭 질렀습니다. 부처님, 제가 잘못했습니다. 앞으로 더욱더 아내를 사랑하겠습니다."

이렇게 참회를 하고 아내의 웃는 모습을 떠올리며 사과의 전화를 걸어 '미안하다'는 말 한마디를 해보십시오. 서로의 마음이 편안해질 뿐 아니라 사랑까지 더욱 깊어집니다. 아내 또한 마찬가지입니다.

"부처님, 출근하는 남편에게 꼭 하지 않아도 될 말을 하여 그이의 마음을 불편하게 만들었습니다. 제가 잘못했습니다. 앞으로는 경망스럽게 말하지 않고, 출근길에 기분이 상하지 않도록 하겠습니다."

그리고 전화를 걸어 '앞으로는 잘하겠다'고 해보십시오. 남편이 무척 기뻐하고 더욱 사랑할 것입니다. 만약 전화를 하는 것이 쑥스럽다면 전화는 그만두고 부처님께 고하는 참회만 하여도 이심전심(以心傳心)으로 서로를 용서하게 됩니다.

물론 더욱 좋은 것은 싸움의 현장에서 지혜를 발휘하여 상대의 맺힌 마음을 풀어 주는 것입니다.

44 상대에게 마음을 쓰는 자체가
지혜로운 참회

문 어떤 식으로 지혜롭게 맺힌 마음을 풀 수가 있습니까? 예를 하나 들어주십시오.

답 얼마전 TV의 한 프로그램에서 여자 예능인이 한 이야기입니다.

남편과 약간 다툰 다음 등을 돌리고 누웠는데 남편이 문자를 보내왔습니다.

"자기야, 미안해. 돌아 누워봐."

먼저 미안하다고 하는 남편을 향해 돌아누웠더니 남편의 활짝 웃는 모습이 눈에 들어왔습니다. 순간, 마음속의 응어리는 눈 녹듯이 녹아내렸다고 합니다.

이처럼 상대의 마음을 풀어주기 위해 마음을 쓰는 그 자체가 지혜의 발현이라는 것을 잊지 마시기 바랍니다.

45 가족을 향해 내 마음보를 넓혀라

🔲 가족을 향한 참회란 과연 무엇입니까? 다시금 정의를 내려 주십시오.

🔘 가족을 향한 참회는 가족을 향해 내 마음을 넓히는 것입니다. 좁은 마음이 아니라 마하심(摩訶心)을 만드는 것입니다.

우리가 참회를 하는 까닭은 마음보, 곧 마음의 보자기를 넓혀 사랑하고 행복하게 살고자 함입니다. 좁은 마음보로 어떻게 남을 이해하고 사랑하고 행복을 나눕니까?

남편이 잘못하든 아들딸이 잘못하든 며느리가 잘못하든, '모든 것은 내 탓이요, 내 잘못이다' 하면서 상대를 이해하고 받아들인다면 그때마다 우리의 마음보자기는 커지게 됩니다.

조그마한 손수건으로는 1인용 밥상도 덮지 못하지만, 보자기가 크면 10인용 밥상도 능히 덮습니다. 그리고 운동장만한 크기라면 그 밑에서 모든 사람들이 쉬어갈 수 있습니다. 이토록 좋은 것이 참회입니다.

자꾸자꾸 참회하여 남편이나 아내, 부모와 자식 모두를 완전히 감쌀 만큼 보자기를 넓혀 보십시오. 행복과 평화와 즐거움이 넘치게 됩니다.

46 참회하면
관계도 인격도 변한다

문 그럼 참회를 함에 있어 우리가 기준으로 삼아야 할 것은 무엇입니까?

답 그 기준은 '관계변화'와 '인격변화'입니다.

참회를 함으로써 가족관계가 좋게 바뀌었는가? 나 스스로가 달라 졌는가 그대로인가? 를 때때로 점검을 해야 한다는 것입니다.

특히 인격변화는 중요합니다. 관계변화는 일시적일 수 있지만, '나'의 인격이 변화하면 좋은 관계를 계속 유지할 수 있고, 마음 보자기를 넓게 사용할 수 있습니다.

만약 자신의 인격을 변화시키지 못 하는 참회라면 방법이 잘못되지 않았나를 점검 받아야 하고, 정성이 부족하였다면 정성을 더 기울여야 합니다.

47 참회 따라
   업장도 가벼워진다

문 한 가지 궁금한 것이 있습니다. 약간은 우스운 질문이지만, 참회를 하면 업보를 받지 않게 됩니까?

답 그것은 아닙니다. 참회 전이나 참회 후나 모두가 업보를 받되 그 무게가 다르다는 것입니다.

❀

옛날 한 여인이 술주정꾼과 결혼을 하였습니다. 그런데 평소에는 잘 대해주고 멀쩡하던 남편이 술만 마시면 구타를 하는 것이었습니다. 견디다 못한 아내는 절을 찾아가 스님께 하소연을 늘어놓았습니다.

"스님, 왜 제가 이런 고통을 당하며 살아야 하나요? 도대체 남편과 나 사이에 얽힌 업이 무엇이기에, 멀쩡하던 사람이 술만 먹으면 저를 패는 것일까요? 스님, 이를 면할 수 있는 방법은 없는지요?"

"업장소멸을 위한 참회기도를 하십시오. 기도를 하다 보면 방법을 알게 될 것입니다."

그날부터 그녀는 열심히 절을 하며 참회했습니다.

"잘못했습니다. 부처님! 지난날에 지은 업장, 모두 참회합니다."

그런데 어느 날 문득 한 마부가 채찍으로 말을 때리는 모습이 눈앞에 떠올랐습니다. 그리고 그녀 자신이 전생에 마부 노릇을 했고, 남편이 말이었던 것을 알게 되었습니다. 그녀가 스님께 이를 이야기하자 스님께서는 처방을 내려주셨습니다.

"전생에 당신이 마부로써 말에게 먹이를 주고 정성껏 보살펴 주기도 하였지만, 말이 잘 움직이지 않을 때 얼마나 많은 매를 쳤겠소? 그 과보로 전생의 그 말이 남편이 되어 술만 취하면 당신을 때리는 것이오. 오늘 집에 가거든 부드럽고 가닥이 아주 많은 방빗자루를 남편이 볼 수 있는 곳에 놓아두시오. 틀림없이 업장소멸이 될 것이오."

그날 저녁 술이 취하여 돌아온 남편은 빗자루로 수십 차례 그녀를 때렸습니다. 그러더니 스르르 잠이 들었고, 이튿날부터는 전혀 폭력을 쓰지 않는 금슬 좋은 부부가 되었습니다. 수백 가닥의 빗자루로 몇 십번 내리침으로써, 전생에 맞은 횟수에다 이자까지 모두 받아내었기 때문입니다.

§

이 이야기에서처럼 참회를 제대로 하면 업장을 받되, 쉽게 풀 수가 있습니다. 참회를 하면 업장을 녹일 지혜가 샘솟고, 저절로 업장소멸을 할 수 있는 방편이 나타날 뿐 아니라, 쉽게 업장소멸이 됩니다.

그러므로 가족에 대해 괴롭고 힘들고 마음이 불편할 때는 무조건 참회기도를 하십시오. 내 가정의 불행을 행복으로 바꾸고 싶으면 가족을 향해 참회기도를 하십시오.
가족을 향한 참회를 통하여 내 마음에 맺힌 매듭이나 응어리를 풀어버리십시오. 내 마음에 맺힌 매듭과 응어리가 풀리면 내 마음의 파도가 가라앉고, 파도가 가라앉으면 물위의 배는 순조로이 나아갑니다.
부디 가족을 향한 참회로써 사랑하는 가족 사이의 모든 업장을 풀어 복된 삶을 영위하시기 바랍니다.

48 "잘못했다니 할 수 없지"

📖 가족을 향한 구체적인 참회 방법을 알고 싶습니다. 어떻게 참회하면 됩니까?

💬 참회 방법에 대해 논하기 전에 한 편의 이야기부터 하겠습니다.

❦

나의 고등학교 시절, 청담스님께서 법문을 하실 때 한 편의 이야기를 들려 주셨습니다.

당시 청담스님께서 머무셨던 서울 도선사 신도 중에는 월남전에 참전하고 돌아온 육군 중령이 있었습니다. 일찍이 결혼 적령기를 놓친 그는 월남에서 돌아온 다음, 40세가 넘어 결혼을 했습니다.

그런데 묘한 일이 있었습니다. 낮에는 아내가 그토록 사랑스럽고 아름다운데, 밤만 되면 아내가 무섭고 으스스하기까지 한 것이었습니다. 목숨을 내건 전투에 무수히 참여했던 중령이었지만, 밤만 되면 아내가 무서워 잠자리는커녕 아내가 있는 방에조차 들어갈 수 없었습니다. 매일 밤 아내의 방 주위를 맴돌며 고민을 하던 그는 차츰 야위어갔고, 마침내 청담스님을 찾아가 속사정을 털어 놓았습니다.

"아내와는 과거 전생에 맺은 원결(怨結)이 있는 모양이오. 아내에게 참회하시오."

"어떻게 하면 됩니까?"

"한밤중에 잠자고 있는 아내를 향해 세 번 절을 하고, 아내 앞에 앉아 관세음보살을 외우면서 '내가 잘못했습니다, 잘못했습니다' 하시오."

청담스님 앞에서는 "예" 하고 돌아왔지만, 그는 도저히 수긍할 수 없었습니다.

'잘못한 것도 없는데 마누라한테 절을 하라니…. 내가 미쳤나? 안 한다.'

이렇게 스스로 다짐을 했지만, 밤늦도록 잠이 오지 않아 아내가 자고 있는 방의 문을 열고 살며시 들어갔습니다. 그리고 새근새근 잠자고 있는 아내를 향해 절을 했습니다. 그러나 '잘못했습니다' 라는 말을 하려다 왠지 쑥스러워 방을 나와버렸습니다.

이튿날도 그 다음날도 그는 아내의 방으로 들어가서 절을 한두 번씩 꾸뻑꾸뻑 하고 관세음보살을 우물우물 외우다가 쫓기듯이 나왔습니다. 약 10일이 지났을 무렵, 습관적으로 아내의 방으로 가서 절을 하였는데, 문득 말할 수 없는 설움이 복받쳤습니다.

'내 신세가 어쩌다가 이렇게 되었는가? 친구들은 모두 아이 낳고 재미있게 사는데, 병신도 아닌 나는 어찌 이렇게 지내야 하는가?'

그는 눈물이 쑥 빠질 것 같은 심정이 되어 잠자고 있는 아내를 향해 울먹이며 말했습니다.

"여보, 내가 잘못했소. 용서하구려."

그런데 이상한 일이 일어났습니다. 깊은 잠에 빠져 있던 아내가 한숨을 푹 쉬며 답하듯이 잠꼬대를 하는 것이었습니다.

"휴—, 잘못했다니 할 수 없지."

그날 이후 모든 것은 바뀌었습니다. 밤이 되어도 아내가 무섭기는커녕 그렇게 예뻐 보일 수가 없었고, 두 사람은 찰떡궁합을 이루며 아기도 낳고 행복하게 살았다고 합니다.

49 3배하며 '잘못했다'고 하라

문 이 이야기는 왜 들려주셨습니까?

답 가족 사이의 보이지 않는 업을 무시하지 말고, 참회로써 풀면 어떠한 문제도 해결할 수 있다는 것을 강조하기 위함입니다.

오늘의 가족 인연을 귀하게 생각하면서 소중히 가꾸어 나가야 합니다. 그리고 가족 사이에 보이지 않는 장애가 있으면 무조건 참회하여야 합니다. 이 처사님의 경우처럼 절을 하면서 '잘못했습니다'라고 할 수 있어야 합니다. 이것만 되면 가족 사이에 맺힌 모든 업은 쉽게 풀 수 있습니다.

앞에서도 이야기 하였지만 참회법은 복잡하거나 어려운 것이 아닙니다. '잘못했습니다'고 하는 것이 참회요, '앞으로 그와 같은 잘못을 저지르지 않겠다'고 다짐하는 것이 참회입니다.

지난 날을 돌이켜 보다가 잘못되고 후회스런 일이 떠오르면 간절히 외쳐 보십시오.
"잘못했습니다."

그리고 아침저녁으로 올리는 예불이나 기도 끝에 가족을 떠올리며 꼭 잘못했다고 참회하십시오.
"여보, 내가 잘못했소."
"아이야, 엄마가 잘못했다."
"어머니, 제가 잘못했습니다."
이것이 가족을 향한 참회법입니다. 나아가 그 가족이 있는 쪽을 향해 3배를 올리거나, 가족의 모습을 떠올리며 3배를 하면서 참회를 하면 더욱 좋습니다.
이렇게 마음을 모아 진심으로 참회하면 저절로 매듭이 풀어지고 원만한 가족관계를 이룰 수 있습니다.

50 매일 하는 3배의 참회로 화목해진다

문 참으로 머리를 땅바닥에 대는 절을 하기가 선뜻 내키지는 않습니다. 꼭 절을 해야 합니까?

답 물론 처음에는 어렵습니다. 그래서 이러한 절의 본질적인 뜻을 모르고, '가족에게 절을 하라'고 하면 항의조로 말하는 분들이 더러 있습니다.

"남편에게 한평생 눌려 산 것만 해도 원통한데, 절까지 하면서 죽어 살라는 말씀입니까?"

항의를 받을 때마다 '왜 불교를 믿고 기도하느냐?'고 되물으면, 대부분이 같은 답을 합니다.

"집안 화목과 식구들이 건강, 그리고 보다 잘살고 싶어 불교를 믿습니다."

그때 나는 이야기합니다.

"집안이 화목하고 더 잘살게 되기를 원한다면 나 자신이 먼저 참회의 절을 하며 실천을 해야 합니다. 남편에게, 가족에게 절을 하는 것은 앞으로 온 가족이 같이 웃고 감사하고 화목과 행복을 나누기 위해 하는 것이요, 나만 끝까지 손해 보라는 이야기가 아니라는 것을 잘 알고 계시지 않습니까?

 오히려 지금이 서로의 응어리를 녹여야 할 가장 좋은 때이니, 매일 3배씩 해보십시오. 정말 화목해지고 잘살게 됩니다."

51 가족을 향한
3배 참회법

문 가족을 향해 3배를 올리라 하였는데, 구체적인 방법을 조금 더 일러 주시겠습니까?

답 가족을 향해 절을 하는 것은 예부터 큰스님들이 많이 강조하여 온 참회법이며, 요즘 들어 우룡스님께서 특히 많은 가르침을 주셨고, 그 가르침을 실천한 이들의 영험담도 많이 알려지고 있습니다.
그럼 가족을 향한 절은 어떻게 해야 하는가?

먼저 **절의 횟수**입니다. 절은 가족 한 사람에 대해 3배씩만 하면 됩니다.

장소는 집이든 사찰이든 상관이 없습니다. 평소에 집에서 기도를 하면 집, 사찰에 가서 기도를 하면 사찰에서 하면 됩니다.

그럼 **언제** 할 것인가? 평소에 행하는 기도를 끝낸 다음 바로 하라는 것입니다. 불자들이 많이 행하는 대참회, 독경 또는 염불이나 진언 정진을 끝마친 다음, 곧바로 가족을 향해 3배씩의 절을 하면 됩니다.

만약 지금 특별히 하는 기도가 없다면 천수경을 외우거나 오분향 예불을 올린 다음 절을 하여도 좋고, 반야심경을 몇 편 독송한 다음 절을 하여도 좋습니다.

그리고 이 또한 하기가 용이하지 않다면 불법승 삼보님 전에 3배를 드린 다음 곧바로 가족 한 분 한 분께 3배를 하십시오.

무엇보다도 3배의 절을 하는 것이 중요합니다. 기도는 '나'의 형편에 맞추되 3배의 절은 반드시 해야 합니다.

52 가족을 떠올리며 절을 하라

문 이 참회의 절은 꼭 가족 앞에서 해야 합니까?

답 가족 앞에 가서 절을 하는 것이 아니라, 기도한 그 자리에서 가족이 있는 방향으로 몸을 돌려 한 사람에 대해 3배씩 절을 하면 됩니다.

상대방 바로 앞에 가서 절을 하게 되면, 상대의 자존심을 상하게 하거나 당황하게 만들고 스스로의 마음도 잘 모으지 못하게 되므로, 보이지 않는 곳에서 절을 하여 '나' 속의 응어리부터 풀어야 합니다.

그리고 가족 있는 곳의 방향이 수시로 바뀌는 등 애매하거나 불보살님 전에서 기도할 경우에는, 꼭 가족이 있는 방향으로 몸을 돌릴 것 없이, 그 가족의 환한 모습을 눈 앞에 떠올리며 하면 됩니다.

53 참회와 축원의 내용

문 그냥 절만 3번하면 됩니까? 더 중요한 사항은 없는지요?

답 가장 중요한 것은 마음속으로 염하는 축원의 내용입니다.

만약 가족 간에 별 문제가 없는 경우라면,

① "사랑하는 나의 아내(남편·아들·딸) ○○○(이름) 보살이시여"라고 한 다음,
② "잘못했습니다."를 3번하고,
③ "감사합니다."를 3번 합니다.
④ 이어 "언제나 건강하옵고 뜻하시는 바를 모두 이루어지이다" 등을 염한 다음,

그 가족(배우자·부모·아들·딸)을 위하고, 또 그 가족이 개인이 바라는 바가 성취되기를 3번씩 축원하면 됩니다.

서로 갈등이 있는 가족을 향해서는, 보다 구체적으로 참회하고 축원을 해야 합니다.

"잘못했습니다. 세세생생 당신에게 잘못한 업을 모두 참회합니다. 앞으로는 허물을 짓지 않겠습니다. 나의 참회를 모두 받아주시고 마음을 푸십시오."

이렇게 3번을 염한 다음, 다시 그 가족을 위한 축원을 3번 하면 됩니다.

이상과 같이 가족을 향하여 참회의 절을 하다 보면 참된 사랑을 느끼며 살 수 있습니다. 흐뭇하고 즐겁고 좋은 것뿐인 참된 사랑을 체험하며 살 수 있습니다. 참된 마음으로 참회를 하는데 어찌 참된 사랑으로 이어지지 않겠습니까?

54 대충 하지 말고
정성껏 참회하라

문 가족을 향한 참회에서 꼭 지켜야 할 사항은 없는지요?

답 가족 한 사람 한 사람에게 3배씩을 올리는 참회법은 마음씨를 바꾸고 업을 바꾸는 매우 좋은 방법입니다. 그러나 대충하면 안 됩니다. 정성껏 해야 합니다. 이에 대해 조금 자세하게 말씀드리겠습니다.

사람들에게 '부모·남편·아내·아들딸 각각을 향해 3배씩 절을 하라'고 하면 형식적으로 하는 사람이 많습니다. 가끔씩 "어떻게 하고 있느냐?"고 물어보면, "좋다고 하니 하기는 하는데, 그냥 3배를 하면서 '잘못했다'를 되뇌이는 정도로 한다."는 것입니다.

이렇게 하면 안 됩니다. 비록 3배에 불과한 절이지만 온 마음을 기울여 정성껏 절하고, 축원도 정성껏 해야 합니다. 어머니들이 가장 만만하게 생각하는 가족인 딸에게 절하는 것을 예로 들어 보겠습니다.

우선 말을 놓거나 반말을 하지 마십시오. 극존칭으로 축원하십시오.

"사랑하는 딸 ○○○보살님이시여.
· 잘못했습니다. 잘못했습니다. 잘못했습니다.
· 감사합니다. 감사합니다. 감사합니다.
· 우리 ○○○보살님, 늘 건강하옵고 뜻하시는 바가 모두 이루어지이다.(3번)"

이렇게 먼저 참회와 감사와 일상적인 축원을 정성껏 하며 3배를 하십시오.

정말 정성을 다해 '잘못했습니다'를 염하고 '감사합니다'를 염하면서 마음밭에다 새로운 씨를 심으면, 내 마음보에 쌓여 있던 가족에 대한 모든 업장이 저절로 풀리면서 원망도 미움도 불만도 동시에 사라지게 됩니다.

또한 내 마음에서 맺힘과 앙금과 감정이 풀어지면 상대방의 마음도 동시에 풀리게 됩니다. 이것이 무엇입니까? 바로 인연법입니다. "이것이 있으면 저것이 있고, 이것이 멸하면 저것도 멸한다."는 인연법인 것입니다.

　모든 것은 '나'에게서 비롯됩니다. 나의 마음씨에서 비롯됩니다. 나의 마음씨가 바뀌는데, 어찌 상대의 마음이 바뀌지 않겠습니까?
　"내가 바뀌면 상대가 바뀐다."
　"내가 평화로워지면 우리 아이도 평화로워진다."
　바로 이 인연법이 참회의 원리임을 안다면, 정성껏 참회하지 않을 까닭이 없을 것입니다.

55 정성껏
그리고 또렷하게 축원하라

문 참회와 함께 하는 축원에 대해 조금더 구체적으로 일러주십시오

답 온 마음을 기울여 참회를 한 다음, 엎드린 채 현실적으로 꼭 이루고자 하는 일에 대한 기원(祈願)을 하십시오.

"고3인 우리 큰 딸,
- 재미있게 공부 잘하고 ○○대학에 꼭 들어가기를 원하옵니다.
- 재미있게 공부 잘하고 원하는 ○○대학에 꼭 들어가게 해주십시오.
- 재미있게 공부 잘하고 ○○대학에 들어가게 해주셔서 정말 감사합니다."

이렇게 '원한다' 는 것과 '해달라' 는 것과 '해주셔서

감사하다'는 것을 차례로 염하면서, 정성껏 그리고 또렷하게 축원하십시오. 정말 잘 집중해서 기도를 하면 불과 3배에 불과한 절과 축원이 참으로 놀라운 결과를 발현되게 할 것입니다.

 이상과 같은 방법으로 가족 한 사람 한 사람에게 3배의 절을 올리며 축원을 한 다음, 꼭 나 자신을 향한 3배의 절과 축원도 빠뜨리지 말고 하시기를 당부드립니다. 가족에게 하는 것과 똑같은 요령으로.

56 가족에게 절하는 기간은

문 가족을 향해 얼마동안 절을 해야 합니까?

답 내 가족을 잘되게 하고 내 가정을 복되게 가꾸는데 어찌 기간이 있겠습니까마는, 서로의 응어리를 풀고 평화로움을 이루고자 하는 절이라면 3년을 작정 하십시오.

3년만 꾸준히 하면, 모든 응어리가 풀리고 서로의 막혔던 마음이 풀리면서 잘 통하게 됩니다. 하지만 어지간한 맺힘은 백일 안에 풀리는 경우도 많습니다.

예를 하나 들겠습니다.

❀

몇 년전, 50대의 처사님 한 분이 불교신행연구원으로 전화를 하여 울먹이는 음성으로 마음을 털어놓았습니다.

30대 후반, 1남 2녀를 둔 집안의 가장이었던 그는 돈을 벌기 위해 외국으로 갔습니다. 그는 앞날의 행복을 위해 낯선 이국땅에서 3년 동안을 뼈가 빠지도록 일을 하였습니다. 그런데 귀국하고 보니 춤바람과 향락에 빠진 아내가 피땀 흘려 번 돈을 모두 날려버린 뒤였습니다.

화가 치밀 대로 치민 그는 거칠어지기 시작했고, 술을 마시면 욕설과 함께 아내를 구타했습니다. 결국 견디다 못한 아내는 가출을 하였으며, 그는 힘겹게 1남 2녀를 키우며 살았습니다.

"이제는 큰딸과 아들이 결혼을 하여 막내딸 하나만을 데리고 살고 있습니다. 그런데 그 당시 초등학교 2학년이었던 막내딸에게는 부모의 잦은 싸움과 어머니의 가출이 큰 충격이었던지, 그 뒤부터 말도 잘 듣지 않고 지금까지 말썽만 부리고 있습니다. 그러한 막내딸을 생각하면 가슴이 아프기 그지없습니다. 어떻게 좋은 방법이 없을까요?"

사연을 다 듣고 나는 처사님께 부탁을 드렸습니다.

"오늘부터 하루에 30분씩 관세음보살을 부르면서 기도하십시오. 그리고 기도를 하면서 '제가 잘못했습니다, 진심으로 참회합니다' 고 하십시오. 그리고 평소에도 그 막내딸에 대한, 큰 딸과 아들에 대한, 아내에 대한 잘못했던 기억이 떠오르면 이유를 따지지 말고 무조건 참회하십시오. 낮이건 밤이건 잘못했던 기억이 떠오르거든

'그때 제가 잘못했습니다, 참회합니다'는 말을 속으로 세 번씩은 꼭 하십시오."

그 뒤 세 달 가량이 지나자 처사님이 다시 전화를 주셨습니다.

"일러주신 대로 참회를 하였더니 딸아이와의 사이가 아주 좋아졌고, 딸아이도 더 이상 말썽을 부리지 않습니다. 그리고 무엇보다도 '잘못했다, 참회한다'는 말을 하면 할수록 저의 마음이 편안해졌고, 제 마음이 편안해짐에 따라 모든 것이 풀린다는 것을 깨닫게 되었습니다. 정말 감사드립니다."

§

이 처사님처럼 진심으로 참회하고자 하는 마음, 관계를 개선하고자 하는 마음이 있으면 채 백일도 되기 전에 업이 녹아내립니다. 그러므로 지난날의 잘못이 떠오르면 기도를 하고, 3배를 올리면서 무조건 참회하고 축원하십시오.

그리고 가족사이의 맺힌 것이 풀어진 다음에도 할 수만 있다면 평생을 꾸준히 하는 것이 최상입니다. 참회를 하면 할수록 가족관계는 더욱 원만해집니다.

57 언제나 흐뭇하고
좋은 상태가 될 때까지

문 나의 마음상태가 어느 정도 되어야 응어리가 풀렸다고 할 만 합니까?

답 인간의 사랑은 '좋다 싫다, 밉다 곱다, 흐뭇하다 섭섭하다, 잘해준다 야속하다'는 등의 상대적인 감정 속에 쉽게도 휩싸입니다. 그리하여 섭섭하고 야속하게 대하는 가족에 대해 싫어하고 미워할 뿐아니라 원망도 많이 합니다.

그런데 가족을 향해 절을 하다 보면 가족 사이의 사랑이 '좋다 싫다, 흐뭇하다 섭섭하다, 잘해준다 야속하다'는 등의 상대적인 감정을 넘어서 있다는 것을 느끼게 됩니다.

실로 가족 사이의 정이나 사랑은 고유한 실체를 지닌 것이 아닙니다. 인연의 법칙따라 움직일 뿐입니다. 그런데도 우리는 사랑과 정이라는 이름에 매달려 많은 기대를 합니다. 그 속에 빠져 편안해지고자 하고 기쁨을 느끼고자 합니다.

그러나 표면적인 사랑의 달콤함과는 달리 그 밑에 흐르고 있는 인연의 법칙은 너무나 냉엄합니다. 한 치의 오차도 없습니다. 오히려 사랑하고 깊은 정을 주고받는 사이라고 하여 함부로 하였다가는 예상 밖의 무서운 업보로 시달리게 됩니다.

따라서 우리는 나의 바탕이요 현실이기도 한 지금의 가족인연을 발판으로 삼아 한걸음 한걸음 향상의 길로 나아가야 하며, 참회를 통하여 참된 사랑을 체득해야 합니다.

참된 사랑은 언제나 즐겁고 흐뭇하고 좋을 뿐입니다. 싫다 얄밉다 섭섭하다는 생각이 일어나면 그것은 나의 이기적인 감정일 뿐, 참된 사랑이 아닙니다.

그러므로 감정을 넘어서고 자존심과 이기심을 넘어설 때까지 모든 가족에게 3배씩 절을 하십시오. 자존심과 감정들이 모두 사라진 것을 느끼는 바로 그 순간이 모든 응어리가 풀어진 때입니다.

58 집안 전체가 편안하고 행복해진다

문 참회를 하여 가족 관계가 좋아지면 또 어떤 좋은 점이 있습니까?

답 가족을 향해 절을 하는 그 사람들의 삶이 하나같이 향상되고 있음을 느낄 수 있다는 것입니다. 많은 불자들이, '작년보다 금년이 더 살기가 어려워요. 왜 이렇게 힘이 드는지 모르겠어요' 하며 하소연을 늘어놓는 요즘 같은 때에도, 가족에게 절을 하는 불자의 집안은 조금도 어려움을 겪지 않습니다. 시대의 흐름따라 환경따라 오르락 내리락하는 일 없이, 늘 향상하고 좋아질 뿐입니다.

실로 가족에게 절을 하는 공덕은 매우 큽니다. 3배에 불과한 그 절이 큰 공덕을 이루는 까닭은 '나'를 낮추고 '나'를 비울 수 있게 하기 때문입니다. 상대적이고 서로를 탓하는 자세가 아니라, '나'를 낮추고 상대를 받들어, 이기적 감정이 아닌 진정한 사랑을 형성하기 때문에 좋은 결과를 가져오지 않을 수 없는 것입니다.

59 참회하면
참된 사랑을 체험한다

문 가족을 향해 3배를 드리며 참회하고 축원하는 기도법이 참으로 좋은 듯합니다. 용기를 불러일으킬 수 있는 한 말씀을 부탁드려도 되겠습니까?

답 보이지 않는 곳에서 사랑하는 가족을 향해 3배를 드리고 축원을 하거나 참회를 하는 것! 이렇게 하는 것을 힘들다고 할 사람은 아무도 없을 것입니다. 주저 말고 실천해 보십시오. 한번 하기 시작하면 참으로 쉽게 계속 할 수가 있습니다.

비록 3배의 절과 한마디의 축원이지만, 꾸준히 하다 보면 모든 매듭이 풀리고 응어리가 녹아내립니다. 그리고 가정이 화목해지고, 삶의 질도 높아집니다.

용기를 내십시오. 나이의 많고 적음을 따질 것도 아니요, 신분의 높고 낮음을 따질 것도 아닙니다. 가족 중 마음에 맺히고 걸리는 것이 많다고 느끼는 사람이 먼저 절을 시작하면 됩니다.

상대가 며느리면 어떻고, 자식이면 어떻습니까? 남편이면 어떻고, 아내면 어떻습니까? 누구에게나 절을 할 수 있는 이야말로 참된 보살이 아니겠습니까?

이렇게 절을 하고 참회를 하다 보면, 이 속에서 나의 감정이 아닌 참된 사랑을 체험하여, 언제나 흐뭇함과 기쁨과 평온함 속에서 살 수 있게 됩니다. 나아가 가족들끼리 서로 절을 하며 살게 되면, 그 집안은 그야말로 극락처럼 바뀝니다.

가족을 향한 하루 3배씩의 절! 잘 생각하고 용기를 내어 꼭 실천해 보시기 바랍니다.

60 명상을 통한 참회법

🔖 3배를 드리는 참회법 외에 권할 만한 참회법은 없습니까?

🔖 권할 만한 참회법으로는 명상을 통한 참회법이 있습니다.

명상을 통한 참회의 방법은

① 상대가 있는 쪽을 향해 가부좌를 하고 앉든지, 의자 등에 단정히 앉아, 길게 호흡을 하면서 가족 한 사람 한 사람에게 잘못했던 일을 생각합니다.

② 그리고 잘못을 정확하게 인정하고 그 가족의 모습을 떠올리면서, 속으로 '잘못했습니다' 라는 말을 계속해서 염(念)합니다.

③ 이때 천주 또는 108염주를 한차례 돌리면서 '나무아미타불·관세음보살·지장보살' 등 평소에 기도를 할 때 자주 부르는 불보살님의 명호를 외우며 '잘못했다' 고

하는 것도 좋은 방법입니다.

여기까지만 하면서 참회를 하여도 되지만, 밀교에서 권장하는 명상참회법을 조금 더 깊이 이야기해 보겠습니다.

① 앞의 명상참회를 5~10분 정도 한 다음, 자신의 정수리 위쪽 허공에 스스로가 의지하는 부처님이나 관세음보살 지장보살 등의 불보살님이 자비광명을 발하면서 앉아계신 모습을 떠올립니다.
② 이러한 관상(觀想)이 이루어지면 숨을 길게 내쉬면서 나 속의 좋은 기운들을 불보살님을 경유하여 상대에게 보내십시오. 나의 좋은 기운은 불보살님의 자비광명, 곧 지혜와 자비와 평화와 행복의 빛 등이 되고, 그 빛이 나의 가족을 비추고 있음을 떠올리십시오.
③ 반대로 숨을 들이킬 때는 가족의 고통과 스트레스와 나쁜 업의 기운을 빨아들이는 것을 관상하면 됩니다.

이렇게 들숨 날숨을 반복하면서 상대에게 좋은 기운을 불어 넣어주고 상대의 나쁜 기운을 뽑아내며 참회하는 것입니다.

61 상대의 나쁜 기운이
   나를 해치지는 않는지?

문 좋은 기운을 상대방에게 보내는 것은 이해를 하겠는데, 좋지 않은 기운을 빨아들인다는 것은 이해가 되지 않습니다. 내가 상대의 나쁜 기운을 빨아들이다 보면, 나 자신 속에 탁한 기운이 넘치게 되는 것이 아닙니까?

답 물론 당연히 우려가 될 것입니다. 하지만 조금도 걱정을 하지 않아도 됩니다. 왜냐하면 이것이야말로 '진정한 자비의 실천'이기 때문입니다.

대자비 그 자체이신 관세음보살님이나 지장보살님을 생각해 보십시오. 그분들이 그토록 크나큰 능력을 갖출 수 있었던 것은 남의 고통을 자신의 일처럼 슬퍼하고 함께 아파하는 마음을 가졌기 때문이었습니다. 이를 상기한다면, 상대의 나쁜 기운을 받아들이는 것에 대해 조금도 우려할 필요가 없을 것입니다.

더욱이 우리가 관상(觀想)을 하며 자비광명을 보내어 주고 나쁜 기운을 뽑아내어 주는 상대가 누구입니까? 나 자신과 인연이 매우 깊은 사람, 사랑을 주고받는 가족이지 않습니까? 특히 아들딸·남편·아내인데 걱정할 것이 무엇이겠습니까?

숨을 들이키면서 상대의 괴로움을 떠맡고, 숨을 내쉬면서 상대에게 평화와 행복과 기쁨과 깨달음을 주는 이 관상법이야말로, 이기적인 사랑의 틀을 벗어나, 나와 남이 함께 이롭고 함께 살아나고 함께 깨달음을 이루는 고귀한 참회법이라 하지 않을 수 없습니다.

아울러 가족들에게 3배하는 참회법과 이 명상 참회법을 함께 행하면 더욱 효과적이라는 것도 밝혀둡니다. 만약 사랑하는 가족에게 문제가 있거나 서로가 풀어야 할 매듭이 있다면 꼭 이 방법대로 해보십시오. 틀림없이 큰 변화가 있을 것입니다.

62 지심참회를 하는 만큼
행복도 크게 다가온다

🔖 이제까지 참회기도법에 대해 많은 이야기를 해주셨습니다. 이제 참회와 참회기도법에 관한 문답을 마무리 짓는 한 말씀을 부탁드립니다.

🔖 현세와 내생의 행복을 찾는 우리가 지금 이 자리에서 해야 할 일은 무엇인가? 그것은 참회입니다. 특히 마음속 깊이 뉘우치며 행하는 지심참회를 잊지 말아야 합니다.

지심참회(至心懺悔)! 그것은 무조건 '잘못했습니다'라고 하는 것입니다. 우리가 다생(多生)에 지은 죄업을 무조건 참회하는 것입니다.
보통의 기도는 자신이나 가족의 행복 등 그 어떤 목적을 염원하며 하는 경우가 많습니다. 그러나 지심참회는 무조건 참회하는 것입니다. 부처님의 어떤 자비에도 연

연해 하지 않고 무조건 '잘못했습니다' 하는 것입니다. 이것이 참다운 참회입니다.

'잘못했습니다' 이 한 마디에 모든 것은 녹습니다. 모든 업장, 모든 이기심, 모든 모순이 녹아내립니다.

우리가 비록 죄업으로 가득 찬 존재라 할지라도 불보살님의 원력과 자비를 생각하며 지심참회를 하면 우리는 곧 불보살님의 세계 속으로 들어가게 되고, 우리가 바라는 모든 소원 또한 불보살님의 원력 속에서 자연히 이루어지게 됩니다. 곧 지심참회를 하는 만큼 행복도 크게 다가오는 것입니다.

정녕 업장소멸을 하여 행복하게 살기를 바란다면 가장 빠른 길인 참회기도를 꼭 하시기를 두 손 모아 당부드립니다.

V
자비심 깊은 축원과 기도

63 기도는 행복을 위한 것

문 기도인에게 있어 가장 중요한 것은 '마음가짐과 행동, 그리고 축원'이라고 자주 말씀 하였는데, 특별히 이를 강조하는 까닭이 있습니까?

답 한마디로 이야기 하면 복(福) 때문입니다. 복 담는 마음가짐과 복을 부르는 축원과 복 짓는 행동을 하라는 것입니다.

사람들이 기도하는 까닭이 무엇입니까? 사람마다 이유야 많겠지만, 결국은 행복입니다. 모두가 행복하게 살기 위해 기도를 하는 것입니다. 그런데 복을 쫓아내는 생각을 품고 기도를 하거나 불행과 화를 불러들이는 행동을 한다면 어떻게 행복을 누릴 수 있겠습니까?

그러므로 기도를 할 때야말로 생각을 잘 하고 마음을 잘 쓰고 복을 쫓아내는 말이나 행동을 하여서는 안됩니다. 곧 기도를 하면서 복을 저버리는 거꾸로 된 행동을 하여서는 행복의 기도성취는 요원할 뿐입니다.

64 기도하며
복을 쫓아내는 행동을 한다면

🈷 복을 저버리는 거꾸로 된 행동이란 어떠한 것을 말하는지요? 구체적으로 일러주십시오.

㊔ 법당에 가면 방석을 두 장씩 세 장씩 깔고 기도하는 이들이 있습니다. '무릎이 아프다'거나, '엎드린 다음 일어나기가 용이하다'는 등 여러가지 이유가 있을 것입니다. 물론 참배객이 없다면 괜찮습니다.

그런데 사람들이 많아 방석이 모자라고 자리가 복잡한데도 이렇게 하는 이들이 있습니다. 그리고 계속 법당으로 들어오는 참배객은 아랑곳 하지 않고 그 법당에서 가장 좋은 자리를 차지하고자 애를 쓰는 사람도 있습니다.

기도하는 이의 자세가 이래서는 안된다는 것을 누구나 알 것입니다. 그러나 복잡한 기도처에서는 이러한 경우를 쉽게 찾아볼 수 있습니다.

그 방석이 누구의 것입니까? 그 법당을 찾는 모든 이들의 것입니다. 그런데도 자기만의 것인양 사용을 합니다. 자리도 한번 차지하면 끝까지 '내 자리'로 생각합니다.

　기도를 마친 후 대중방으로 자리를 옮기면 더한 모습이 전개됩니다. 좋은 잠자리 다툼부터 시작하여 세속에서 있었던 이상야릇한 잡담나누기, 스님들의 나쁜 소문 등 자신의 기도와는 전혀 관계 없는 이야기가 무성해집니다. 몇 분 전까지 그토록 열심히 기도했던 불자들의 입에서 거침없이 잡된 말들이 쏟아져 나옵니다.

　법당에서는 간절히 기도를 하고 대중방에서는 구업(口業)을 짓는 불자, 나의 방석과 나의 자리를 고집하며 기도하는 불자를 부처님께서는 어떻게 생각하시겠습니까?

　그리고 절에서는 온몸을 다 바쳐 기도하면서 집으로 돌아와서는 가족들에게 짜증을 부리고 함부로 대하는 불자도 이에 해당합니다.

　이와 같은 마음가짐이나 행동을 하면서 기도를 하는 이상에는 기도성취가 결코 용이하지 않다는 것을 그분들도 알 것입니다. 행복도 새로운 삶의 길도 열리지 않는다는 것을 알 것입니다. 이기적인 생각과 말과 행동에 빠져 있다면 어찌 불보살님께서 우리를 돌아보시겠습니까?

65 참 마음으로 기도하라

문 그럼 어떤 기도인이 되어야 합니까?

답 기도는 이기적인 마음이나 행동을 바꾸는 데에서부터 시작됩니다. 방석을 양보하고 신발을 정리해주고 부엌일을 거들며, 조금 불편하더라도 자리를 나누어 함께 기도하고자 하는 그런 마음가짐이 업장을 녹여 복을 가져다줍니다.

그리고 가정에서도 부처님께 기도를 드리는 정성으로 맡은 바 일을 해보십시오.

가령 나의 정성을 남편이나 가족이 먹는 밥을 하는 데 투자를 해 보십시오. 밥을 정성껏 지으며 투자를 하면 아무리 장승 같은 남편이라도 달라지게 됩니다. 우선 직장에서 집으로 돌아올 때 종종 찾게 되는 술집 등의 다른 경유지가 없어져버립니다. 남편이 곧바로 집에 돌아와 화목한 가정을 이루면 어찌 행복이 깃들지 않겠습니까?

66 다른 이를 향한 축원과 자비심

🗹 기도를 하면서 복을 짓기 위해서는 근본적으로 어떠한 마음자세를 갖추어야 합니까?

🗹 정성껏 생활하고 참마음으로 기도해야 합니다.
 절대로 지나친 욕심으로 기도하지 마십시오. 지나친 욕심, 곧 탐욕으로는 어떠한 성취도 볼 수 없습니다. 참마음으로 기도하고, 참마음으로 집안을 보살피겠다는 생각을 늘 가지는 것이 우선되어야 합니다.
 나아가 기도를 하면서 우리는 다른 이의 행복을 축원해 주는 자세를 갖추어야 하고, 자비심을 키워가야 합니다. 왜냐하면 다른 이를 향한 축원과 자비심이야말로 잘못된 인연의 매듭을 풀고 자타를 함께 성취시키며, 이 세상을 불국토로 만드는 원동력이 되기 때문입니다.

67 크게 복을 짓는 축원법

문 지금 기도하는 '나의 문제'가 크다면 다른 이를 위한 축원은 쉽지 않을 것으로 느껴집니다. 복을 짓는 축원에 대해 구체적으로 일러주시겠습니까?

답 물론 무엇인가 문제가 크고 다급한 일이 생겼을 때는 쉽게 다른 이를 위한 축원을 할 여유가 없습니다. 가령 병이 깊다고 하면, 처음에는 '하루 빨리 건강한 몸이 될 수 있게 해 주십사' 하고 기도하게 됩니다. 그러나 기도의 자리가 잡히면 과거의 죄업을 참회하는 일이 중요하다는 생각이 들어, '알게 모르게 지은 모든 죄를 참회한다'는 원을 곁들이게 되고, 더 지나면 다른 사람들을 축원해 주는 여유까지 생겨납니다.

이러한 여유가 생겨날 때가 되면 자신의 소원성취를 위한 기도에만 몰두하지 말고, 다른 이의 행복을 위한 축원을 아끼지 말아야 합니다.

가령 법당에서 기도를 할 때면, '여기 모인 대중 모두가 불보살님의 가피를 입어 소원을 성취하여지이다' 라는 축원을 해줄 수 있어야 합니다. 나만이 가피를 입는 것이 아니라, 모든 이들에게 가피가 임하도록 기원하는 마음가짐을 가질 때, 나의 기도성취도 빨리 이루어지는 것이 이 법계의 원리이기 때문입니다.

만약 내가 지금 교도소에 있다고 하면, '저를 비롯하여 이곳에 있는 모든 이들의 업장을 녹여 주시어 한시바삐 이곳에서 벗어나게 하옵시고, 부처님의 정법 아래 지혜롭고 행복하게 살아갈 수 있도록 하여지이다' 라는 축원을 하여야 합니다.

또 병원에 있다면, '이곳의 모든 환자들이 하루빨리 쾌유될 수 있도록 자비의 빛을 내려주옵소서.' 등의 축원을 하고, 고아원을 찾아갔으면 불쌍한 어린이를 위해 축원을 해 주어야 하며, 양로원을 찾아갔으면 노인분들의 편안한 노후를 축원해 주어야 합니다.

이렇게 '나만이 아닌 다른 사람을 위한 축원'을 생활화하게 되면, 나로 하여금 업장을 짓고 쌓도록 만든 근본 이기심이 차츰 사라지게 되고, 이기심이 사라지면 업장이 저절로 녹게 됩니다. 그리고 내가 축원을 하는 그곳에는 불보살님의 자비광명이 충만하게 되고, 좋은 기운들이 모여 좋은 일들이 생겨나게 됩니다.

남의 행복을 위한 한마디의 짧은 축원.

정녕 이것이 어려운 일입니까? 결코 아닙니다. 마음의 문이 닫혀있기 때문에 하지 못할 뿐입니다. 마음의 문을 열어 축원을 하십시오. 축원을 하고, 하지 않는 차이의 결과는 하늘과 땅만큼 벌어집니다.

기도를 할 때, 꼭 주위의 사람들과 일체중생의 행복을 축원해 주십시오.

"뭇 생명있는 이들이 부처님의 대자비광명 속에서 늘 건강하고 평화롭고 행복하게 해주십시오."

이러한 축원은 많은 시간동안 하지 않아도 됩니다. 기도를 할 때마다 '나'의 축원 끝에 곁들여 한 차례씩 세 번만 염하면 됩니다. 이러한 축원이 나의 그릇된 인연의 매듭을 풀고 업장을 녹이며, 우리들 주위를 바꾸고 이 세상을 바꾼다는 것을 명심하시고, 꼭 축원을 해 주시기를 간절히 당부드립니다.

68 복 짓는 좋은 일은 지금 시작해야

문 다른 이나 일체 중생을 위한 축원을 꼭 해야 합니까? 내 기도를 성취하고 내 힘을 기른 다음에 다른 이를 위한 축원을 해도 되지 않을까요?

답 남을 생각하는 우리의 착한 마음씀씀이. 이것이 세상을 바꾸고 모두의 운명을 바꾸어 놓습니다. 맑고 순수한 마음이 세상을 바꾸고 나의 운명을 바꾸어 놓습니다.

흔히 사람들은 '돈을 많이 벌어야겠다'고 이야기 합니다. '왜 돈을 많이 벌려고 하느냐?'고 물으면, '돈 많이 벌어서 좋은 일을 하고 싶다'고 대답합니다.

남을 돕기 위해 많이 돈을 벌겠다는 것. 참으로 좋은 뜻이라 하지 않을 수 없습니다. 하지만 그와 같은 뜻을 세우고 피땀 흘려 부자가 된 다음에는 오히려 베푸는 데 인색해지는 경우가 대부분입니다. 왜냐하면 돈을 모으기 위해 돈에 너무 집착하고 사로잡혀 살았기 때문입니다.

누구든 마찬가지입니다. 돈벌이에 집착하여 돈 모으는

재미에 빠져버리면 돈에 사로잡혀 마음이 탁해지고, 마음이 탁해져버리면 잘 베풀 수 없게 되어버립니다.

그러므로 남을 돕고자 한다면 넉넉하지 못할 때의 맑은 돈 한푼 한푼을 정성으로 베풀 수 있는 사람이 되어야 합니다. 이러한 사람이라야 부자가 된 후에도 잘 베풀 수 있습니다. 그리고 어려울 때 마음을 넉넉하게 써야 선행의 공덕이 더욱 크게 쌓이는 것입니다.

기도 또한 마찬가집니다. 병이 든 사람은 '병이 낫고 나면 좋은 일을 하겠다'고 하고, 고난에 처한 사람은 '이 난관이 극복되고 나면 좋은 일을 하겠다'고 생각합니다. 그러나 병이 낫고 고난을 극복한 다음에 좋은 일을 하는 사람은 예상 밖으로 드뭅니다.

정녕 좋은 일을 하겠다는 결심을 하였으면 병든 그 몸으로, 고난에 처한 그 환경에서 다른 이를 위해 축원을 해주고 능력 닿는 대로 좋은 일을 시작하여야 합니다.

어려움 속에서 다른 이를 위해 축원을 하는 그 마음가짐과 자세야말로 현재의 어려움을 녹이는 원동력이 됩니다. 바로 그 원력과 실천이 불행을 행복으로 바꾸고, 한량없는 공덕을 '나'에게 안겨준다는 것을 꼭 기억하기 바랍니다.

69 가까운 사람부터 축원해 주라

문 잘 알겠습니다. 그런데도 다른 이를 위한 축원이 선뜻 내키지 않을 때는 어떻게 하는 것이 좋을까요?

답 중생 모두를 위해 축원하고 다른 이를 위해 마음을 쓰지는 못할지라도, 사랑하는 가족과 가까운 사람들을 위한 축원은 할 수 있을 것입니다. 이 경우, '가정과 주위를 살리는 내가 되겠다'는 서원만은 꼭 발하여야 합니다.

"가족과 가까운 이들이 잘되고 집안이 잘된 다음 복을 받겠습니다."

"가족과 가까운 이의 고통과 재앙은 저에게 주시고, 제가 받을 복은 가족과 가까운 이들에게 돌려주십시오."

이렇게 '좋은 복은 가족에게 돌리고 고통은 내가 짊어지겠다'는 원을 세우고 기도를 하다 보면 문득 마음이 넓어져 남을 위한 축원도 잘 할 수 있게 됩니다.

70 남을 위해 축원할 때 무한 행복이 깃든다

문 지금 계속해서 남을 위한 축원을 강조하고 있는데 꼭 이렇게 축원을 해야 할 까닭이 있습니까?

답 이 법계에는 행복이 가득 충만되어 있습니다. 그 복은 단순한 인과응보의 복이 아니라 써도 써도 다함이 없는 복으로, 누구든지 이 복을 끌어다 쓸 수 있습니다. 하지만 이 복은 나에게로 그냥 찾아오는 것이 아닙니다. 큰 마음을 지닌 자만이 이 복을 포용할 수 있습니다.

자신의 이기심이나 눈앞의 이익을 따르지 않고 중생과 함께하는 축원을 마음에 품고 살면 가족은 물론이요 나에게도 흠뻑 복이 찾아들게 됩니다. 왜냐하면 자비심 깊은 축원이 강하면 강할수록 불행의 원인인 이기심이 그만큼 빨리 무너져 내리기 때문입니다.

나의 이기심이 잦아들고 나의 벽이 무너져 내리면 대

우주의 무한 행복은 저절로 나에게 깃들게 되는 법입니다. 이 원리를 깊이 명심하여 맑고 밝고 큰 기도를 하고자 노력해보십시오.

언제나 기도하는 마음으로 능력껏 남을 위해 베풀 수 있는 사람, 마음처럼 일이 풀리지 않을 때 우울해지거나 역정을 내기보다는 명랑함과 용기를 잃지 않는 사람, 조급하게 나아가기 보다는 기다릴 줄 아는 사람이 되어 보십시오. 이렇게 마음을 넉넉하게 쓰는 사람에게는 만복(萬福)이 저절로 찾아오기 마련입니다.

마음을 잘 써서 손해 볼 일은 결코 일어나지 않습니다. 일어난다고 하여도 기껏 지난 빚을 갚는 것일 뿐입니다. 인생살이란 결코 손해 보는 장사도 남는 장사도 아닙니다. 늘 본전치기 장사일 뿐입니다.

부디 넉넉한 마음으로 남을 위해 축원하고 기도하는 불자가 되십시오. 나의 굴레를 벗어버리고 남을 살리는 축원을 키우며 살아갈 때 기도성취는 빨라지고, 진정한 행복은 나의 것이 됩니다.

71 자비심 깊은 기도가 최고

문 이제까지 말씀하신 축원의 내용을 요약하면 '자비심을 품고 기도하라'는 말씀 같습니다. 맞습니까?

답 정말 잘 파악하였습니다. 이기적인 기도가 아니라 자비심 깊은 기도를 하라는 것입니다. 왜? 모든 불행의 원인이 이기심이었고, 그 이기심으로 말미암아 현재의 업을 받아 기도하고 있는데, 또 이기심을 부려서야 언제 행복을 만끽하겠습니까?

이기심을 부술 최상의 무기는 자비심이고, 자비심이 있어야 남을 위한 축원을 할 수 있습니다.

잊지 마십시오. 지금 남을 위해 축원을 하는 우리의 힘은 그다지 크지 못합니다. 그래서 불보살님께 기도하는 것입니다. 하지만 자비심 깊은 축원을 하고 또 하다 보면 크나큰 힘이 생겨납니다.

한 방울의 물은 힘이 되지 못하지만 방울방울의 물이 모이고 또 모이면 큰 강과 바다가 되며, 강이 되고 바다가 되면 능히 만물을 포용하고 살릴 수 있습니다.

한 방울의 물과 같은 우리의 축원도 거듭거듭 발하면 마침내는 강이 되고 바다가 된다는 것을 잊지 말고 끊임없이 대자비의 축원을 발하여야 합니다.

지금 사랑 속에 있으면 서로를 살리는 사랑을 더욱 키워가고, 행복 속에 있으면 행복을 나누어 주고, 슬픔과 불행 속에 있으면 슬픔과 불행을 넘어서는 자비의 기도와 축원을 하면서 살아가야 합니다.

72 노힐부득의 성불

문 자비심 깊은 기도와 관련하여 마음에 새길 만한 이야기 한 편을 들려주시겠습니까?

답 『삼국유사』에 있는 이야기입니다.

❁

신라시대에 경상남도 창원 땅에서 태어난 노힐부득과 달달박박은 친구 사이로, 20세의 나이에 함께 출가하였습니다. 세월이 흘러 이 두 분 스님은 백월산(白月山)에다 남암과 북암을 짓고 은거하여 노힐부득은 '미륵불'을, 달달박박은 '아미타불'을 염불하였습니다.

수 년이 흐른 성덕왕 8년(709년)의 사월초파일 저녁, 길을 잃었다는 아름다운 여인이 달달박박의 토굴로 찾아와 하룻밤만 재워줄 것을 간청하였습니다.

"사찰은 청정함을 근본으로 삼는 곳이므로 여인을 가까이 해서는 안 됩니다. 지체하지 말고 가시오."

달달박박은 차갑게 말을 내뱉고 문을 닫았습니다. 그러자 여인은 미륵불을 염불하는 남암의 노힐부득을 찾아갔습니다. 그때 노힐부득은 말했습니다.

"이 암자는 부녀자가 머물 곳이 아닙니다. 그러나 중생의 뜻에 따르는 것 또한 보살행의 하나요, 더욱이 깊은 산중에서 깜깜한 밤을 맞았으니 어찌 소홀히 대할 수 있겠습니까?"

노힐부득은 자비심으로 여인을 맞아들여 쉬게 하고 밤을 세워 염불을 계속하였으며, 새벽녘에 여인이 산고(産苦)를 호소하자 이를 보살펴준 뒤 목욕물을 데워 여인과 아기를 목욕시켰습니다. 그 순간 탕 속의 물은 향기를 진하게 풍기면서 금액(金液)으로 변하였습니다.

그때 낭자가 청했습니다.

"우리 스님께서도 이 속에 들어가 목욕을 하시지요."

여인의 음성에는 거부할 수 없는 힘이 서려 있어 그 말을 따랐습니다. 목욕을 하고 나자 노힐부득은 갑자기 정신이 상쾌해지고 살결이 금빛으로 바뀌면서 미륵불로 변신하였습니다. 그리고 옆을 돌아보니 연화대가 있었습니다.

여인은 노힐부득에게 연화대 위에 앉을 것을 권한 다음 말했습니다.

"나는 관세음보살로, 스님께서 대도(大道)를 이룰 수 있게 도운 것입니다."

그날 아침, 달달박박이 노힐부득의 처소로 갔을 때 노힐부득은 연화대에 앉아 광명을 발하고 있었습니다. 그 까닭을 묻자 노힐부득은 '관세음보살이 화현한 여인을 만나 이렇게 되었다'고 하면서, 금빛 몸으로 변하는 방법을 가르쳐 주었습니다.

이에 달달박박도 목욕을 하여 아미타불이 되었으며, 두 사람은 소식을 듣고 찾아온 마을사람들을 위하여 설법한 뒤 구름을 타고 사라졌다고 합니다.

73 자비의 기도라야 대해탈로 이어진다

문 이 이야기 속의 두 분 스님을 통하여 무엇을 느끼라는 말씀인지요?

답 이름 그대로 딱딱하기 그지없는 달달박박은 철두철미하게 염불수행을 하고 있었지만, 자비심이 부족하여 관세음보살의 시험에서 탈락되었습니다. 그러나 노힐부득은 달랐습니다. 자비심으로 여인을 맞이하여 쉬도록 하였을 뿐 아니라, 아기를 받고 씻기는 뒷바라지까지 기꺼이 하였습니다.

그 결과 노힐부득은 금빛 찬란한 미륵불로 변신하였고, 아침에 찾아온 달달박박에게도 그 비결을 일러주어 달달박박 또한 아미타불의 몸을 이룰 수 있도록 하였습니다.

원효대사를 비롯한 옛 고승들은, "아미타불을 염하면 미륵불을 염하는 것보다 열 가지 수승한 공덕이 있다."고 하면서 아미타불 염불을 많이 권했습니다. 그런데 왜 미륵불을 외운 노힐부득이 아미타불을 외운 달달박박보다 먼저 대도를 이룬 것일까요?

그것은 자비심 덕분입니다. 그리고 그 자비심 덕에 달달박박도 금빛의 아미타불로 변신할 수 있었던 것입니다. 이토록 자비심은 모든 것을 바꾸어 놓는 큰 힘을 지니고 있습니다. 죄업 때문에 그릇되이 흘러가고 있는 '나'의 삶을 되돌릴 수 있는 힘이 있을 뿐 아니라 주위의 삶까지도 바꾸어 놓습니다.

그러므로 기도하는 불자들은 자비심을 품고 살아야 합니다. '나'만의 행복을 구하는 기도가 아니라, 뭇 생명 있는 이들을 살리는 자비의 기도를 이루어야 합니다. 자비심을 품고 자비로운 기도를 행하면, 그 결과는 지금의 고통에서 구원을 받는 수준이 아니라 큰 깨달음을 이루는 대해탈로 이어지게 됩니다. '자비무적(慈悲無敵)'이라는 말이 있듯이, 자비심 앞에서는 고난이나 죄업 등의 무서운 장애들도 맥을 쓰지 못합니다.

'내 코가 석 자인데 자비심은 무슨 자비심!'

만약 이러한 마음을 품고 기도를 하면 소원성취는 고사하고 업장이 '나'를 더욱 옥죄입니다. 얼마만한 자비심을 갖느냐에 따라 '나'의 인생 활로도 달라지느니만큼, 꼭 자비심을 품고 기도를 하시기 바랍니다.

74 부처님과 삼보를 잘 모셔라

문 이밖에 특별히 당부하고 싶은 말씀은 없습니까?

답 모름지기 기도하는 불자는 불교의 근본이요 기도의 근본의지처가 무엇인지를 잘 알고 새겨서 받들고자 해야 합니다. 불교의 근본, 기도의 근본의지처가 무엇입니까? 바로 부처님이요 불법승 삼보(三寶)입니다.

그러므로 우리는 '부처님을 잘 받들고 모시며 살겠다. 불법승 삼보를 잘 받들고 따르며 살겠다' 는 다짐을 해야 합니다. 비록 대자비심을 불러일으키거나 자비의 행은 제대로 못할지라도 이것만은 꼭 명심하고, 부처님 전에 삼배를 올리며 서원을 염하십시오.

"대자대비하신 부처님이시여.
잘못했습니다. 잘못했습니다. 잘못했습니다.

감사합니다. 감사합니다. 감사합니다.
부처님을 잘 모시고 살겠습니다.
부처님을 잘 모시고 살겠습니다.
부처님을 잘 모시고 살겠습니다.
불법승 삼보를 잘 받들며 살겠습니다.
불법승 삼보를 잘 받들며 살겠습니다.
불법승 삼보를 잘 받들며 살겠습니다."

나는 하루를 여는 첫번째 3배를 할 때 이 서원을 염합니다. 꼭 기억하십시오. 부처님과 삼보만 잘 받들고 모셔도 기도성취와 행복은 저절로 따라옵니다. 갖가지 좋은 일들이 이로부터 비롯되는 것입니다.

부디 부처님을 잘 모시고 삼보를 잘 받들겠다는 서원을 꼭 발한 다음 기도하시기를 간곡히 당부드립니다.

附
백중과 영가천도

75 백중은 어떤 날인가

🈷 우리를 낳아주신 부모 및 윗대 조상의 천도와 관련이 깊은 백중기도에 대해서도 자세히 알고 싶습니다. 요즈음 불교에서는 음력7월 15일을 백중이라 하여 부처님 오신날 다음의 큰 행사일로 꼽고 있습니다. 이 백중은 어떤 날입니까?

🈶 음력 7월15일인 백중날은 민가에서나 불가에서나 모두 중요시하는 날입니다.

옛날 민가에서는 주로 '백종(白踵)'이라 표현하였습니다. 농부들이 봄부터 여름까지 논밭에서 일을 하다가, 7월 15일에 이르러 바쁜 일을 모두 끝내면 비로소 흙 묻은 발을 깨끗이 씻고 '흰 발'로 즐겁게 놀고 맛있는 음식을 먹으며 편히 쉰다는 뜻으로, '흰 백(白)'에 '발뒤꿈치 종(踵)' 자를 합하여 '백종(白踵)'이라 하였습니다.

그리고 망혼제나 천도재를 베풀어 지옥에 갇혀 있는 혼백(魂魄)을 좋은 곳으로 보낸다고 하여 '백종(魄縱)'이라 하였습니다. 또 이날 '백가지 종류의 음식'을 마련하여 고통 속에 빠져 있는 '혼백을 구제하는 날'이라 하여 '백종(百種)' 또는 '백종(魄縱)'이라 하였습니다.

그러나 불교에서는 이날을 '백종'이라 하지 않고 '백중(白衆)'이라고 합니다. 스님들은 음력 4월 15일에 시작한 여름 안거(安居)를 7월 15일에 끝내는데, 이날 모든 스님들이 3개월의 안거 기간 동안 스스로가 지은 허물과 공부한 결과를 '대중(大衆) 앞에 고백(告白)' 하는 날이라 하여 '백중(白衆)'이라고 칭하였던 것입니다.

그리고 또 한가지 불교적인 이름이 있으니, 바로 우란분절(盂蘭盆節)입니다. '우란분'을 한문으로 번역하면 해도현(解倒懸)·구도현(救倒懸)이 됩니다. 지옥 등의 악도에서 '거꾸로 매달려서〔倒懸〕' 살아야 하는 영가들을 그 고통에서 구해주고 해방시켜 준다는 뜻입니다.

따라서 우란분절에는 우란분재를 행하여 그릇되고 고통 받는 영가들을 천도해 주고 있습니다.

76 백중 때 천도재를 지내는 까닭

문 백중 때에 우란분재를 지내게 된 특별한 연유가 있습니까?

답 대부분의 불자들은 알고 있겠지만, 이 우란분재는 부처님의 10대제자 중 신통력이 가장 뛰어났다는 목련(目連)존자의 효성에서 비롯된 것입니다.

『우란분경 盂蘭盆經』과 『목련경 目連經』을 중심으로 하여 그 내용을 간략히 살펴보도록 합시다.

❀

목련존자의 아버지는 부유한 상인이었으나 목련의 나이가 20세가 되기 전에 세상을 떠났습니다. 목련은 가업을 물려받아 먼 나라로 장사를 하러 떠나면서 어머니 청제부인께 당부하였습니다.

"어머니. 아버님께서 남기신 재산 중 3분의 1을 드릴테니, 제가 없는 동안 매일 브라흐만 승려들을 청하여 아버님을 위한 재(齋)를 베풀도록 하십시오."

그러나 마을 어귀까지 아들을 전송하고 집으로 돌아온 청제부인은 브라흐만 승려 대신 놀기 좋아하는 남녀를 집안으로 끌어들였고, 재를 지낼 음식 대신 향연을 위한 고기와 술을 장만하였습니다. 그리고 노래하고 춤추고 남자들과의 향락에 빠져 헤어날 줄을 몰랐습니다.

마침내 큰 돈을 번 목련이 고향의 마을 어귀에 이르렀을 때 그를 맞이한 것은 생각지도 않았던 소문들이었고, 모두가 어머니의 방탕한 생활에 대한 것이었습니다.

목련이 사실 확인을 위해 시종을 먼저 집으로 보내자, 당황한 청제부인은 시종을 큰 돈으로 매수하여 거짓을 고하게 하였습니다. 그리고 향연에 참석한 사람들에게 브라흐만의 옷을 입혀 거짓 재를 지냈습니다.

시종으로부터 '별 문제 없다'는 말을 들은 목련은 어머니의 부정에 대한 생각을 말끔히 지우고 집으로 갔습니다. 하지만 아들을 맞이하는 어머니의 얼굴은 지난날처럼 맑지가 않았습니다. 삿된 기운이 가득한 어머니를 보며 목련은 소문의 사실 여부를 물었고, 어머니는 부정을 하면서 단호히 맹세했습니다.

"내가 만약 너에게 거짓말을 한다면 오늘부터 7일안에

죽어 도현(倒懸:거꾸로 매달림)의 고통을 면치 못하리라."

"잠시라도 어머니를 의심한 이 불효자식을 용서하십시오. 앞으로 어머니를 극진히 모시겠습니다."

그 며칠 후 청제부인이 갑자기 고통스런 비명을 지르며 쓰러져 즉사(卽死)를 하자, 갑작스런 어머니의 죽음에 충격을 받은 목련은 산자야라는 현인을 찾아가 어머니의 가신 곳과 천도 방법을 물었습니다.

"어머니의 간 곳을 알고 좋은 곳으로 보내고 싶으면 모든 재산을 이 교단에 바치고 선정과 고행을 닦아라. 신께서 어머니를 천상으로 끌어올려 줄 것이다."

목련은 그 말을 믿고 모든 재산을 헌납한 다음 도를 닦았습니다. 하지만 신의 가피는커녕 어머니의 간 곳 조차 알 수 없었습니다. 마침내 목련은 도반인 사리불(舍利弗)과 함께 석가모니불을 찾아가 제자가 되었고, 부처님의 가르침에 따라 수행하여 육신통(六神通)을 갖춘 아라한이 되었습니다.

신통력을 갖춘 목련존자는 무엇보다 먼저 어머니가 가신 곳을 살폈습니다. 어머니는 아귀로 태어나 형틀에 거꾸로 매달린 채, 음식을 보지도 못하고 먹지도 못하여 피골이 상접되어 있었습니다.

"어머니!"

목련존자는 울부짖으며 바루에 밥을 담아 어머니 앞으로 내밀자, 어머니는 황급히 왼손으로 바루를 나꿔채더니 오른손으로 밥을 움켜쥐었습니다. 그러나 입에 들어가기도 전에 밥은 불덩이로 변하였고, 여러 차례 시도를 하였으나 역시 마찬가지였습니다.

신통 제일의 목련존자였지만 아귀가 된 어머니에게는 밥 한 톨 먹일 수 없었습니다. 이에 목련존자가 슬피 울면서 부처님께로 나아가 모든 것을 자세히 말씀드리자, 부처님께서는 조용히 이르셨습니다.

"네 어머니의 죄는 뿌리가 매우 깊어 1겁 동안 아귀의 과보를 받아야 한다. 더욱이 너에게 '거짓말을 한다면 거꾸로 매달리는 고통을 받겠다'는 맹세를 하지 않았더냐? 너의 효성스런 마음이 천지를 진동시키고 신통력이 뛰어날지라도, 네 어머니의 죄는 소멸시킬 수 없다. 반드시 여러 스님네의 위신력을 빌려야 해탈할 수 있느니라."

그리고는 구체적인 구제의 방법으로 해제일(解制日)인 7월 15일에 시방의 승려에게 공양을 할 것을 가르쳐 주셨습니다.

"해제일은 선정을 닦던 많은 스님들이 한자리에 모여

일심으로 스스로가 범한 허물이나 깨달은 바에 대해 고백을 하고 점검을 받는 자자일(自恣日)로서, 수행의 기운이 참으로 대단한 날이다. 더욱이 시방의 성현들과 십지(十地)의 보살들이 비구의 모습을 취하여 대중들 속에 있으면서, 중생의 복덕을 위해 자비심으로 공양을 받느니라.

그러므로 이날, 백가지 맛의 음식과 다섯 가지 과일 등을 공양하며 정성을 기울이면 시방세계 대보살과 스님네의 수행 공덕으로 돌아가신 현생의 부모와 이전 여섯 생(生)의 부모, 그리고 가까운 친족들이 삼악도(三惡道)의 괴로움을 벗고 천상에 태어나 무량한 즐거움을 누리게 되며, 살아 있는 부모는 병고와 액난 없이 백세토록 장수를 하게 되느니라."

목련존자는 부처님의 가르침대로 우란분재를 시행하였고, 마침내 어머니는 1겁이나 더 받아야 할 아귀의 과보를 벗고 고통 없는 화락천(化樂天)에 태어나 무한 행복을 누리게 되었습니다.

부처님께서는 우란분재를 올리는 불자들의 마음가짐에 대해 결론적으로 말씀하셨습니다.

"부모가 길러주고 사랑해 준 은혜를 갚는다는 마음으로 우란분재를 행하도록 하라."

77 백중기도에 동참하라

문 공부한 스님들의 결집된 힘으로 인해 부모와 여러 친족들이 천도된다는 말씀, 참 인상적입니다. 그럼 우리는 백중날만 그냥 절에 가서 기도하면 됩니까?

답 아닙니다. 전국의 많은 사찰에서 백중인 음력 7월 15일의 우란분절까지 조상천도를 위한 백일기도나 49재, 또는 3·7일(21일)기도나 7일 기도를 행합니다.

왜 백중날 하루만 기도를 하지 않고 백일이나 49일·21일·7일 동안의 기도를 올리는 것인가? 그것은 나의 정성과 관련이 있습니다.

내가 그 기간 동안 부모와 조상의 은혜를 갚는 마음으로 기도한 힘과 스님들의 3개월 동안 수행한 힘이 합해져야만 나의 부모·일가친척 영가를 보다 쉽게 천도를 할 수 있다는 것이 우란분재, 곧 백중기도의 목적인 것입니다.

78 정성으로 임해야 조상천도가 쉽다

📖 백중기도를 하는 우리는 어떠한 마음가짐과 자세를 갖추어야 합니까?

📖 한 가지는 꼭 갖추어야 하며, 그 한 가지는 '정성'입니다.

정성이 없으면 천도도 없습니다. 나의 정성 없이 천도에 임한다면 백중기도를 백 번 할지라도 천도되는 조상이 없습니다. 그냥 기도 동참금 몇푼을 내고 망인의 이름을 올리는 것으로 천도가 되는 것은 결코 아닙니다.

우리나라 절에서는 백일·49일·21일·7일 전부터 우란분절날까지 백중기도를 행합니다. 이 백중기도 기간은 참으로 덥습니다. 따라서 기도를 하기가 힘이 듭니다. 하지만 돌아가신 부모님의 은혜를 생각하고 '부모님을 행복의 세계로 옮겨가도록 해야 한다'는 정성이 뚜렷하면 무더위가 어찌 문제가 되겠으며, 어찌 시원한 그늘을 찾겠습니까?

영가의 천도는 천도에 임하는 우리가 어떠한 마음가짐으로 하느냐에 따라 영가를 잘 천도시킬 수도 있고 천도를 못 시킬 수도 있습니다. 바꾸어 말하면 '돌아가신 나의 부모를 극락으로 보내느냐? 지옥 또는 아귀의 삶을 살도록 방치를 하느냐'를 결정짓는 것은 바로 '나'에게 달려 있습니다.

우란분절날, 수행한 스님들의 도력에 의한 천도의 기운이 아무리 강하고 좋으면 무엇합니까? 진정으로 영가와 그 기운을 연결시켜 줄 '나'의 정성이 없으면 결코 천도를 할 수 없습니다.

과연 천도를 함에 있어 가장 중요한 것이 무엇이겠습니까? 많은 음식을 차려 놓고 장엄한 의식절차 속에서 천도를 하는 것이 가장 중요한 문제입니까? 도력이 높은 큰스님께서 천도 법문을 하는 것이 가장 중요한 문제입니까?

아닙니다. 무엇보다 중요한 것은 부모나 조상의 천도에 임하는 '나의 마음가짐'과 '나의 기도'라는 것을 잘 새겨두시기 바랍니다.

79 생각 이상으로 큰 천도의 공덕

🔳 정성을 다한 백중기도를 매우 강조하시는데, 백중기도를 통하여 부모를 천도시키면 과연 얼마만한 공덕이 있습니까?

🔘 현재 '나'의 눈에 보이지 않는 영가를 위해 올리는 기도지만 그 공덕은 참으로 큽니다.

천도의 기도는 은혜를 갚음은 물론이요 생(生)을 바꾸어 주는 기도입니다. 지옥·아귀·축생이라는 고통스러운 삼악도에서 인간이나 천상의 세계, 나아가 극락의 세계로 나아가게 하는데, 어찌 그 공덕이 대단하지 않겠습니까? 한 마디로 죽어가는 사람을 살려내는 것보다 공덕이 더 크다고 할 것입니다.

따라서 천도를 잘 하게 되면 '나'와 집안의 각종 재앙과 우환이 사라지면서 더없이 좋은 일들이 꽃피어나게 됩니다. 천도를 잘하면 저절로 좋은 결과가 돌아오게끔 되어 있는 것입니다.

80 은혜를 갚는다는 마음으로 천도하라

문 어떻게 하는 것이 '잘하는 천도' 입니까?

답 부처님께서는 우란분경에서 분명히 설하셨습니다.

"부모가 길러주고 사랑해 준 은혜를 갚는다는 마음으로 천도를 행하라."

바로 이것입니다. 부모를 사랑하는 마음, 은혜를 갚는 마음으로 천도를 행할 뿐, '나' 에게 좋다고 해서 하는 천도, '나' 의 욕심을 위한 천도를 하여서는 안 됩니다. 욕심을 채우기 위해 시작한 천도는 물 위에 뜬 거품과 같은 결과를 초래할 뿐입니다. 곧 내가 잘되고 내가 무엇을 얻고자 하는 천도가 아니라 효성스런 천도를 해야 합니다.

효성스런 천도는 '나' 를 앞세우거나 꾀를 부리는 천도가 아닙니다. 적당히 '천도를 하면 좋은 일이 생기겠지', '이 정도로 하였으면 천도가 되었겠지' 하는 식의 천도는 원점에서 맴돌 뿐입니다.

백중기도에 동참하였으면 시간과 정성을 다하여야 하고, 땀을 흘리는 것을 마다해서는 안 됩니다. 부모님의 크나큰 은혜를 갚는 마음으로 동참하였다면 어찌 땀으로 목욕하는 것을 두려워할 것입니까? 그 땀방울이 바로 천도의 원동력이 되는 것입니다.

오로지 효성스런 마음으로, 또 부모가 자식인 '나'를 키울때 주셨던 것과 같은 순수한 애정으로 정성을 다해 백중기도를 해야 합니다. 이렇듯 '나'의 욕심을 벗어버리고 땀을 흘리며 정성껏 기도를 하게 되면 꼭 천도가 되게끔 되어 있습니다. 아울러 그 공덕에 따른 한량없는 복도 저절로 찾아들게 되어 있으며, 그 복이 아들딸 등 후손에게까지 이어집니다.

그러므로 백중기도를 할 때는 절대로 꾀를 부려서는 안 됩니다. 영가를 위해 기도를 시작하였으면 그 영가의 천도를 위해 마음으로 다짐하였던 것들을 지키고자 노력해야 합니다.

만일 정성 없이 대충대충 천도에 임하게 되면 그 부실한 정성을 영가들이 먼저 알아차립니다. 이를 꼭 기억하시어 정성껏 기도하시기 바랍니다.

81 49재를 지냈는데 백중기도를 해야 하는가

문 부모님이 돌아가셨을 때 49재를 지내드렸는데도 백중기도를 올려야 합니까?

답 많은 분이 이 질문을 하는데, 저는 이렇게 답합니다.

"부모님께서 돌아가셨을 때 절에서 49재를 올림과 동시에, 그 49일 동안 매일 1~2시간씩 아주 정성껏 기도를 해 주었다면 백중기도에 동참하지 않아도 됩니다. 그러나 7일에 한 번씩, 재를 올리는 날만 형식적으로 참석하여 49재를 지냈다면 백중기도를 하는 것이 좋습니다."

왜 이렇게 말하는 것인가? 형식적인 49재로는 쉽게 천도가 되기 어렵기 때문이며, 천도가 된다 하더라도 훌륭하고 거룩한 세계로 나아가기가 쉽지 않기 때문입니다.

그러므로 백중을 맞이하여 사찰에 영가의 이름을 올리고, 내 정성으로 천도시키겠다는 마음으로 매일 1~2시간씩 기도하십시오. 틀림없이 좋은 결과가 올 것입니다.

82 영가를 위해 좋은 기도

문 영가를 위하여 어떤 기도를 하는 것이 좋습니까?

답 개인적으로 기도할 때는 지장기도와 광명진언기도를 많이 권합니다.

지장기도는, 다음과 같이 하는 것이 좋습니다.

① 『지장보살본원경』을 처음부터 끝까지 한 번 독송
② '나무지장보살'을 1천 번 염불
③ 「지장보살예찬문」을 외우며 158배
④ 예찬문을 끝낸 다음 '지장보살' 1천 번 염불

매일 이렇게 지장기도를 하게 되면 시간이 많이 소요됩니다(약 3시간). 그러나 효과가 매우 큰 기도입니다. 만약 시간을 내기 힘든 사람은 지장경 총 13품을 3~4일에 나누어 읽어도 됩니다. [자세한 내용은 이 지장기도를 위해 특별히 만든 효림출판사의 『지장보살본원경』을 참조하시기

바랍니다.]

또 부처님의 대자비광명에 의지하는 광명진언기도는 매우 간단하면서도 효험이 큰 기도입니다. 비로자나부처님의 무한광명을 상징하는 이 광명진언은 중생들을 윤회 밖의 세계인 극락과 근본 깨달음의 자리로 돌아가게 만듭니다.

하루 1천 번 이상씩 광명진언을 외우는 광명진언 기도는 부모 및 조상의 천도는 물론이요, 작은 고난의 해결이나 소원성취, 가정의 평화와 행복, 객귀의 장난 및 원결이 맺힌 영가 장애의 해결 등 많은 영험을 보이고 있습니다. [구체적인 방법은 효림출판사의 『광명진언 기도법』을 참조하시기 바랍니다.]

또한 광명진언을 사경하는 것도 매우 좋은 방법입니다. 눈으로 보고 입으로 외우고 손으로 쓰고 마음으로 새기는 광명진언 사경은 크나큰 성취를 안겨줍니다. 하루 108번씩 광명진언을 쓰고, 수시로 광명진언을 외우면 부모와 조상은 물론이요 나의 업장까지 함께 녹아내려 천도와 소원성취가 틀림없이 이루어집니다. 물론 지장기도를 하는 분이라면 지장경의 사경도 매우 좋습니다.

확신을 가지고 실천해보시기 바랍니다.

83 백중기도는
사찰과 집에서 동시에

🔲 백중기도는 어디서 해야 합니까? 꼭 절에 가서 해야 합니까? 집에서 하면 어떻습니까?

🔲 일단 백중기도를 하는 절에 가서 영가의 이름을 올리십시오. 만약 입재일을 놓쳤다면 21일이나 7일 전, 또는 지금 바로 절을 찾아가서 등록을 하셔도 됩니다.

그리고 입재와 회향(백중날)은 반드시 절에 가서 기도하고, 나머지 날은 집에서 스스로가 선택한 지장기도·광명진언 기도 등의 기도를 하십시오. 만약 절에서 7일에 한 번씩 재를 지낸다면 그 날은 동참하십시오. 반드시 좋은 결과가 있을 것입니다.

84 효심으로 임하고 천도하라

문 백중기도하는 이에게 꼭 하고 싶은 당부 말씀은?

답 기도를 할 때는 그냥 효심으로, 은혜를 갚는다는 마음 하나로 임하십시오. 이것이 진짜 천도입니다. 효심으로 진짜 천도를 하면 영가뿐만이 아니라 온 우주법계가 우리에게 큰 복을 내립니다. 왜냐하면 효심이야말로 우주법계 속에 가득히 충만되어 있는 행복의 기운을 '나'와 하나로 엮어 주는 안테나와 같은 것이기 때문입니다.

거듭 강조하건대, 백중기도를 할 때는 효심과 정성으로 하여야 합니다. 꾀부리는 백중기도가 아니라, 부모와 조상에 대해 감사드리는 마음으로 재를 올릴 때 영가는 고통의 세계를 벗어나 행복의 세계로 나아갈 수 있고, 우리도 영가의 장애를 벗고 행복을 누릴 수 있게 됩니다.

'부모님과 집안의 영가님들을 꼭 천도시켜 드리겠다'는 마음으로 기도하시기를 간곡히 당부드립니다.

나무인로왕보살마하살

삶의 향기를 더해주는 큰스님의 법문집

뭐가 그리 바쁘노(경봉대선사 일화집) / 김현준 엮음
삶! 이렇게 살아라, 좌절에 빠진 이들에게, 일상 속의 스님 모습 등 총 8장 73가지 일화를 담은 이 책 속에는 우리의 정신을 번쩍 깨어나게 하고 새로운 기운을 불러 일으키는 일화들을 비롯하여, 스님께서 제자·시자·신도·수행승들과 함께한 일상생활 속의 참모습들이 생생하게 묘사되어 있습니다.   4×6판 180쪽 5,000원

참 생명을 찾는 경봉스님 가르침 / 김현준   신국판 192쪽 6,500원
경봉스님의 참 생명을 찾는 공부 방법과 도와 인생의 실체, 이 사바세계를 무대로 삼아 멋있게 사는 법 등을 다양한 이야기와 함께 엮은 책입니다..

도와 함께하는 행복과 성공 / 김현준 엮음   신국판 160쪽 5,500원
경봉대선사께서 행복은 어디에 있고 어디에 깃들며, 어떻게 할 때 성공하는가? 복 짓는 법과 성공에 있어 가장 필요한 것은 무엇인가를 설한 책입니다..

바보가 되거라(경봉스님 일대기) / 김현준 엮음   신국판 224쪽 7,500원

불교신행의 주춧돌 / 우룡스님   신국판 240쪽 8,000원
신행생활 속에서 자주 겪게 되는 시행착오를 미리 피하고, 올바른 정진을 하여 깨달음의 세계로 나아가는데 꼭 필요한 마음가짐과 신행방법 등을 자상한 문체와 일화들로 알기 쉽게 엮었습니다.

정성 성誠이 부처입니다 / 우룡스님   신국판 240쪽 8,000원
'정성 성'이 부처요, 모든 것이 부처님 하는 일. 대우주와 하나되는 삶, 마음 단속과 마음 열기, 마음 다스리기, 번뇌와 업장을 비우는 방법 등을 쉽게 일러주고 있습니다.

불자의 행복 찾기 / 우룡스님   신국판 190쪽 6,500원
우룡스님 설법의 결정판. ① 복 받기를 원하거든 ② 보시로 이루는 큰 복 ③ 아상과 무주상 ④ 행복과 기도의 총 4장으로 나누어져 있는 이 책을 읽다 보면 복 짓고 복 쌓고 복 받는 방법과 원리를 저절로 터득할 수 있게 됩니다.

불자의 마음가짐과 수행법 / 일타스님   신국판 192쪽 6,500원
불자들이 큰 행복과 대자유를 얻기 위해서는 어떠한 마음가짐으로 살아야 하며, 참선·염불·간경·주력의 불교 4대 수행법을 어떻게 닦아야 하는가를 갖가지 비유를 들어 자상하게 설하고 있습니다.

오계이야기 / 일타스님   신국판 160쪽 5,500원
살생·투도·사음·망어의 근본 4계에 불음주계를 합한 5계에 대한 법문집. 재미있는 일화를 들어 각 계율의 연원과 지키는 방법, 계율을 범했을 때의 과보 등을 자세히 설했습니다. 복된 불자의 길로 나아가게 하는 불자의 필독서입니다.

기도 및 영가천도의 지침서

광명진언 기도법 / 일타스님·김현준   신국판 176쪽 6,000원
광명진언 기도를 널리 펴고자 일타스님과 김현준 원장이 함께 저술한 책. 광명진언 속에 새겨진 참의미와 바른 기도법, 빠른 기도성취법 등을 자상하게 설하고, 유형별 기도성취 영험담을 다양하게 수록하였으며, 누구나 보기 쉽도록 큰활자로 발간하였습니다. 광명진언을 외우면 행복과 평화, 영가천도, 소원성취를 이룰 수 있습니다.

기도 / 일타스님   신국판 240쪽 8,000원
총 6장 52편의 다양한 기도 영험담으로 엮어진 이 책을 읽다보면 기도를 통해 틀림없이 부처님의 가피를 입을 수 있음을 확신할 수 있게 되고, 올바른 기도법과 함께 기도성취의 지름길을 알 수 있게 됩니다.

기도성취 백팔문답 / 김현준   신국판 240쪽 8,000원
기도에 대한 정의·기도와 믿음·업장소멸의 방법·꾸준한 기도의 효험·원을 세우는 법·축원법·각종 기도가피와 기도성취의 시기·성취를 위한 하심법下心法 등 기도에 관한 궁금증들을 문답형식으로 자상하게 풀이하였습니다.

참회와 사랑의 기도법 / 김현준   신국판 192쪽 6,500원
총 84가지 문답을 통하여 참회의 정의에서부터 참회기도를 해야하는 까닭, 절을 통한 참회법·염불참회법·주력참회법·가족을 향한 참회법, 기도 축원의 구체적인 내용 및 자비의 기도가 갖는 효과, '백중과 영가천도'등에 대해 아주 상세하게 설명하고 있습니다.

참회·참회기도법 / 김현준   신국판 160쪽 5,500원
참회의 참된 의미, 절·염불을 통한 참회법, 참회인의 마음가짐, 이참법 등을 영험담들과 함께 감동 깊게 엮은 책으로, 참회를 통해 행복하고 자유로운 삶을 사는 방법을 열어주고 있습니다.

불교의 자녀사랑 기도법 / 김현준   신국판 160쪽 5,500원
사랑하는 자녀들을 가장 잘 사랑할 수 있는 방법을 부처님의 가르침에 의지하여 정립하고 생활화한 책입니다. 이 책의 가르침을 따라 자녀를 사랑하고 기도해보십시오. 우리의 자녀들이 뜻하는 바 소원을 성취하고, 행복과 평화를 누릴 수 있게 될 것입니다. 부록으로 부모님께 효도하여야 하는 까닭과 방법도 수록하였습니다.

참회〈신간〉 / 김현준   4×6판 160쪽 5,000원
참회의 원리와 공덕, 절·염불·주력을 통한 참회법, 간단하면서도 효과가 큰 오회참법, 자비축원의 참회, 이참법, 원효대사의 대승육정참회 등을 감동 깊게 엮은 책으로, 참회를 통해 깨달음을 이루고 자유로운 삶과 행복하게 사는 방법 등을 일러주고 있습니다.

법보시를 원하시는 분은 출판사로 연락 주십시오. 할인혜택을 드립니다.
전화 02-587-6612, 582-6612 팩스 02-586-9078

신묘장구대다라니 기도법 / 우룡스님·김현준   신국판 208쪽 7,000원
신묘장구대다라니를 외우면 생겨나는 가피와 공덕, 기도의 방법과 주의할 점, 우룡스님이 들려주는 14편의 영험담, 대다라니의 근본경전인 『무애대비심다라니경』을 수록하고 있는 이 책을 읽고 자신있게 기도하면 심중소원의 성취와 기적같은 체험도 할 수 있습니다.

기도 성취의 지름길 / 우룡스님   4×6판 160쪽 4,500원
가족을 위한 기도와 기도 성취의 원리에 초점을 맞춘 감동적인 기도법문입니다. 제1부 「가족 행복을 위한 기도」에서는 가족을 향한 참회와 절의 필요성, 3배 기도의 큰 영험에 대해 일러주고 있으며, 제2부 「빠른 기도 성취의 길」에서는 믿음과 정성이 뒤따라야 기도 성취를 잘할 수 있고, 기도의 고비를 잘 넘겨야 능히 행복과 대해탈의 문이 열린다는 것을 많은 이야기를 곁들여 설하고 있습니다.

기도 이야기 / 우룡스님   신국판 204쪽 7,000원
"스님, 기도로 소원을 성취할 수 있습니까?" 총 6장 45편의, 참으로 재미있는 기도성취 영험담이 수록된 이 책을 읽고 기도를 하면, 불보살님과 통하는 감응의 길이 열리면서 심중소원을 빨리 성취하게 됩니다. 또한 이야기 끝에 붙인 큰스님의 해설은 기도의 방법을 쉽게 터득할 수 있도록 이끌어줍니다.

영가천도 / 우룡스님   신국판 160쪽 5,500원
영가의 장애를 느끼십니까? 돌아가신 영가를 영가를 제대로 천도해 드리지 못했습니까? 영가천도의 필요성과 기본자세, 염불·독경·사경을 통한 영가천도, 49재, 낙태아 천도 등 영가천도에 관한 궁금증 및 천도의 방법을 우룡스님의 자세한 법문으로 풀어드립니다.

관음신앙·관음기도법 / 김현준   신국판 240쪽 8,000원
관세음보살의 구원 능력, 주요 경전 속의 관음관, 11면관음·천수관음·32응신·33관음 등 자비관음의 여러 가지 모습, 일심칭명 일념염불의 관음기도법, 독경 사경 기도법, 다라니 염송 기도법 등을 자세하고도 알기 쉽게 풀이하였습니다.

미타신앙·미타기도법 / 김현준   신국판 160쪽 5,500원
아미타불의 참 모습에서부터 극락에서 누리는 행복, 칭명염불·오회염불·관상염불·천도염불 등의 각종 염불수행법과 함께 임종하는 이를 위한 의식과 49재 기간의 행법 등을 자세히 밝히고 있습니다.

지장신앙·지장기도법 / 김현준   신국판 192쪽 6,500원
지장신앙 속에는 영가천도뿐만이 아니라 현세에서의 행복과 깨달음, 성불의 비결까지 간직되어 있습니다. 이러한 지장신앙의 여러 측면과 함께 생활 속에서 할 수 있는 지장기도법을 자세히 밝혀놓았습니다.

병환과 기도 / 일타스님·김현준   4×6판 84쪽 2,500원

많이 찾는 기도 독송용 경전

❁

한글 『법화경』과 『법화경 한글사경』

불교 최고 경전인 법화경! 이 경을 독송하고 사경해 보십시오.
소원성취는 물론 깨달음과 경제적인 풍요까지 안겨줍니다.

법화경 (독송용) 김현준 역　　4×6배판　총 22,000원
전3책 제1·2책 176쪽 7,000원 제3책 192쪽 8,000원

법화경 한글사경 김현준 역　4×6배판　총 22,500원
전5책 각권 120쪽 내외 권당 4,500원

지장경 / 김현준 편역　　　　　　　　　4×6배판　208쪽　8,000원

이 책은 지장기도를 하는 분들을 위해 ① 지장경을 처음부터 끝까지 1번 독송,
② '나무지장보살'을 천번염송, ③ 지장보살예찬문을 외우며 158배,
④ '지장보살' 천번 염송의 4부로 나누어 특별히 만들었습니다.
지장경 독경 및 지장보살예참과 염불을 할 때, 각 장 앞에 제시된 기도법에 따라
기도를 하면, 영가천도·업장소멸·소원성취·향상된 삶을 이룩할 수 있습니다.

자비도량참법 / 김현준 역　　　　　양장본　528쪽　22,000원

참되이 참회하시기를 원하십니까? 자비도량참법 기도를 하면 나의 허물과 죄업의
참회에서 시작하여 부모 스승 친척 등 육도 속을 윤회하는 온 법계 중생의 업장과
무명까지 모두 소멸시켜주며, 자비가 충만해지고 환희심이 넘쳐나게 됩니다.

원각경 / 김현준 편역　　　　　　　　　4×6배판　192쪽　8,000원

한국불교의 근본 경전인 원각경을 수십 차례 번역·수정·윤문하여 쉽게 이해할 수 있도록 하
였습니다. 한글과 원문을 바로 옆에 두어 대조하며 읽을 수 있습니다.

유마경 / 김현준 역　　　　　　　　　　4×6배판　296쪽　12,000원

보살의 병, 불도란 어떤 것인가? 깨달음의 세계로 들어가는 불이법문, 참된 불국토를 건설하는
방법 등등 매우 소중한 가르침들을 가득 담고 있는 이 경을 읽다보면 마음이 탁 트입니다.

승만경 / 김현준 편역　　　　　　　　　4×6배판　144쪽　6,000원

여인의 성불 수기와 함께 승만부인의 서원, 정법·번뇌·법신·일승·사성제·자성청정심·여
래장사상 등을 분명히 밝힌 보배로운 경전입니다.(한글 한문 대조본)

보현행원품 / 김현준 편역　　　　　　　4×6배판　112쪽　4,500원

행원품과 예불대참회문을 함께 실어 독경 후 행원품에 근거한 정통 108배를 행할 수 있도록
만들었으며, 독송 방법과 대참회의 의미 등도 상세히 설명하였습니다.

밀린다왕문경 / 김현준 편역　　　　　　신국판　204쪽　7,000원

그리스 왕인 밀린다와 불교 승려인 나가세나가 인생과 불교에 대해 대론한 것을 정리한 경전.
윤회·업·수행·지혜·해탈 등에 대한 조리정연한 번역이 신심을 더욱 불러일으킵니다.

● 아름다운 우리말 경전 시리즈 ●

〈가지고 다니면서 틈틈이 읽게 되면 독송과 기도에 큰 도움이 됩니다〉

유교경 (신간) / 일타스님·김현준 역   국반판 100쪽 2,000원
부처님의 간절한 마지막 가르침을 담은 매우 소중한 경전.

금강경 / 우룡스님 역   국반판 100쪽 2,000원
'금강경을 우리말로 보급하겠다'는 원력에 의해 제작된 책.

관음경 / 우룡스님 역   국반판 100쪽 2,000원
관음경의 번역과 함께 관음기도와 염불법에 대해 자세히 설한 책.

보현행원품 / 김현준 편역   국반판 100쪽 2,000원
보현보살의 십대원을 설하여 참된 보살의 길로 이끌어주는 책.

약사경 / 김현준 편역   국반판 100쪽 2,000원
한글 번역과 함께 약사기도법과 약사염불법에 대해 자세히 설한 있는 책.

지장경 / 김현준 편역   국반판 196쪽 3,500원
편안한 번역으로 쉽게 이해할 수 있도록 하였으며, 기도법도 자세히 수록한 책.

부모은중경 / 김현준 역   국반판 100쪽 2,000원
부모님의 은혜를 느끼며 기도를 할 수 있게 엮은 책.

초발심자경문 / 일타스님 역   국반판 100쪽 2,000원
신심을 굳건히 하고 수행에 대한 마음을 불러일으키게끔 하는 책.

법요집 / 불교신행연구원 편   국반판 100쪽 2,000원
법회와 수행 시에 필요한 각종 의식문, 좋은 몇 편의 글들을 수록한 책.

금강경 / 우룡스님 역   4×6배판 112쪽 4,500원
책 크기만큼 글씨도 크게 하고 한자 원문도 수록하였으며, 독송에 관한 법문도 첨부하였습니다. 사찰 및 가정에서의 독송용으로 매우 좋습니다.

약사경 / 김현준 편역   4×6배판 100쪽 4,000원
아주 큰 활자로 약사경 한글 번역본을 만들었습니다. 약사경 독경 방법 및 약사염불법도 함께 실어 기도에 도움이 되도록 하였습니다.

관음경 / 우룡스님 역   4×6배판 100쪽 4,000원
커다란 글씨의 관음경 해설과 함께 관음경의 원문과 독송법, 관음 염불 방법 등을 수록하여 관음경의 가르침을 쉽게 이해하도록 하였습니다.

아미타경 / 김현준 편역   4×6배판 92쪽 3,500원
아주 큰 활자 번역본으로, 독경 및 '나무아미타불' 염불 방법을 함께 실었습니다.
사찰에서 대중이 함께 독송할 때 또는 집에서 독송할 때 매우 유용합니다.

무량수경 / 김현준 역   4×6배판 176쪽 7,000원
아미타불은 어떠한 분이며, 극락에는 어떠한 장엄과 멋과 행복이 갖추어져 있는가? 극락에 왕생하려면 이 현생에서 어떠한 삶을 살아야 하는가를 자상하게 묘사하고 있으며, 독송을 하면 신심이 저절로 우러납니다.

알기 쉬운 경전 해설서

생활 속의 관음경 / 우룡스님　　　신국판　240쪽　8,000원
관세음보살보문품인 관음경을 통하여 관세음보살의 본질, 일심칭명과 재난 소멸법, 공경예배와 소원 성취법, 관세음보살을 관하는 법 등에 대해 여러 가지 영험담과 함께 감동적으로 풀이하고 있습니다.

생활 속의 천수경 / 김현준　　　신국판　280쪽　8,000원
천수관음이 출현하신 까닭, 천수관음을 청하는 법과 가피를 얻는 법, 신묘장구대다라니의 풀이와 공덕, 찬탄의 공덕과 참회성취의 비결, 준제기도 및 주요 진언 속에 깃든 의미, 여래십대발원문 사홍서원 삼귀의 의미 등을 상세히 풀이하였습니다.

생활 속의 반야심경 / 김현준　　　신국판　240쪽　8,000원
반야심경의 구절구절들을 우리의 생활과 결부시켜 참으로 쉽고 명쾌하게 해석하였습니다. 공空의 의미, 모든 괴로움의 원인과 해탈법, 색즉시공 공즉시색의 참 뜻, 걸림 없고 진실불허한 삶을 이루는 방법 등을 감동적으로 풀이하였습니다.

생활 속의 금강경 / 우룡스님　　　신국판　304쪽　9,000원
금강경의 심오한 내용을 알기 쉽게 풀이하고 일상생활과 접목시켜 강설함으로써 삶의 현장에서 금강경의 가르침을 능히 응용할 수 있도록 하였고, 감동을 주는 일화들을 많이 삽입하여 재미를 더해주고 있습니다.

생활 속의 보왕삼매론 / 김현준　　　신국판　240쪽　8,000원
『보왕삼매론』을 해설한 이 책은 병고 해탈, 고난 퇴치, 마음공부와 마장 극복, 일의 성취, 참사랑의 원리, 인연 다스리기, 공덕 쌓는 법, 이익과 부귀, 억울함의 승화 등 누구나 인생살이에서 겪게 되는 장애들을 속 시원하게 뚫어주고 있습니다.

화엄경 약찬게 풀이 / 김현준　　　신국판　216쪽　7,000원
불자들이 자주 독송하는 화엄경약찬게! 그냥 읽으면 참으로 어렵고 무슨 내용인지 알 수 없지만 이 풀이를 본 다음에 읽으면 약찬게를 명확히 파악할 수 있게 될 뿐 아니라 화엄경의 내용까지 꿰뚫어 환희심이 샘솟고 대화엄의 세계에서 노닐 수 있게 됩니다.

예불문, 그 속에 깃든 의미 / 김현준　　　신국판　256쪽　8,000원
많은 불자들이 궁금해 하였던 오분향의 의미와 지심귀명례하는 방법, 불법승 삼보의 내용과 문수·보현·관음·지장보살, 십대제자·16나한·5백나한·천이백아라한·역대조사, 그리고 사부대중의 화합 등을 이 책 속에 모두 담았습니다.

윤회와 인과응보 이야기 / 일타스님　　　신국판　240쪽　8,000원
"죽음 뒤의 세상, 인간은 과연 윤회하는 존재인가?" 내가 지은 업은 어떻게 전개될 것인가? 이러한 의문의 해답을 일러주고자 총 49가지 이야기로 엮은 이 책을 읽다 보면 윤회와 인과응보에 대한 해답을 명확하게 얻을 수 있게 됩니다.

※ 다량의 법보시는 할인혜택을 드립니다. 전화 02-587-6612, 582-6612